A ARTE DE PROSPERAR

Em tudo que colocar as mãos, prosperará.

Ninguém pode te parar!

Deus não fez alças de mochila nas pessoas para você carregá-las!

Liberte-se, cumpra seu propósito e viva a prosperidade!

CB019438

CONHEÇA NOSSO LIVROS
ACESSANDO AQUI!

Copyright desta obra © IBC - Instituto Brasileiro De Cultura, 2023

Reservados todos os direitos desta produção, pela lei 9.610 de 19.2.1998.

1ª Impressão 2024

Presidente: Paulo Roberto Houch
MTB 0083982/SP

Coordenação Editorial: Priscilla Sipans
Coordenação de Arte: Rubens Martim
Capa: Rubens Martim
Edição: Aline Ribeiro
Diagramação: Shantala Ambrosi
Preparação de textos: Jéssica Mendes

Vendas: Tel.: (11) 3393-7727 (comercial2@editoraonline.com.br)

Foi feito o depósito legal.
Impressão na China

Dados Internacionais de Catalogação na Publicação (CIP)
de acordo com ISBD

M313a   Marçal, Pablo

    A Arte de Prosperar / Pablo Marçal. – Barueri : Camelot Editora, 2023.
    160 p. ; 15,1cm x 23cm.

    ISBN: 978-65-85168-90-8

    1. Autoajuda. I. Título.

2023-3276   CDD 158.1
                                      CDU 159.947

Elaborado por Vagner Rodolfo da Silva - CRB-8/9410

IBC – Instituto Brasileiro de Cultura LTDA
CNPJ 04.207.648/0001-94
Avenida Juruá, 762 – Alphaville Industrial
CEP. 06455-010 – Barueri/SP
www.editoraonline.com.br

PABLO MARÇAL

A ARTE DE PROSPERAR

O dinheiro não define seu nível de escassez, e sim seu nível de competência com a riqueza e com a prosperidade.

Sumário

INTRODUÇÃO 6

1. COMO PLANEJAR O ANO? 10

2. COMO AUMENTAR SUAS FONTES DE RENDA 26

3. FUI PICADO PELO "RICAVÍRUS" 36

4. DESTRAVE-SE! 44

5. LIBERDADE É DESOBRIGAÇÃO 60

6. POR QUE O SEU PROJETO ESTÁ EMBAIXO DO TAPETE 68

7. FAÇA PERGUNTAS 76

8. PARE DE SONHAR 86

9. TEORIA X PRÁTICA 99

CONCLUSÃO 108

CONTEÚDO BÔNUS 114

Introdução

Todas as vezes que você estiver em uma jornada de crescimento, buscando novas conexões, aprendendo e executando tarefas, você entrará em uma zona de vivenciar acontecimentos exponenciais.

Se você entender que todo o "mover" e todo o destravar só depende de você, nada faltará em sua vida.

Você pode ler este ou outro livro meu, assistir a uma palestra minha e imaginar que a sua realidade está distante do que eu falo. E eu posso lhe assegurar que essa sensação é apenas falta de conhecimento.

Ao final da leitura desta obra, você terá agregado muito ao seu repertório. E tudo o que aprenderá aqui e colocar em prática será transformado em experiência. E é esta experiência que o fará destravar. Lembre-se: todas as vezes que você adquirir um conhecimento e colocá-lo em prática, ele se tornará uma experiência que, por sua vez, irá gerar a mudança.

Quanto mais experiência você tiver, mais destraves terá e para o próximo nível você irá! E por mais que a sua realidade diária lhe pareça distante das coisas que eu abordo neste livro e nas minhas palestras e lives, eu também já pensei desta maneira e descobri algo: é possível mudar a rota e prosperar.

Existem pessoas que têm um dom e há outras que precisam treinar as suas habilidades. Se você é do pequeno e seleto grupo que tem o dom de algo, o caminho será um pouco mais fácil. Se você é do segundo time, é preciso treinar.

Vou te contar uma curiosidade aqui: você sabia que as abelhas, pelo porte do corpo e especialmente pelo tamanho das asas, não poderiam voar? Existe um estudo que diz que elas não poderiam voar devido ao tamanho do corpo em relação às asas.

O que aconteceu, então? As abelhas não batem asas como os pássaros, com movimentos para cima e para baixo. Elas batem para frente e para trás em uma velocidade muito alta. O que significa que elas precisaram desenvolver uma habilidade para começar a voar.

O que eu quero dizer com isso? Cada pessoa que tiver contato com este livro e não tiver um dom, precisará treinar suas habilidades para começar a voar. Todos podem fazer tudo o que quiserem, basta exercitar e desenvolver.

Vença a procrastinação e coloque as coisas aprendidas em prática, assim você gerará experiências que te levarão para um próximo nível. Toda experiência que você tem muda uma crença na sua cabeça. Por exemplo, se eu te perguntar se você acredita que é possível viver de renda, o que você me responderia?

Se você me disser que não, certamente, tem essa crença instalada. As pessoas que convivem apenas com aquelas que não conseguiram esse feito tendem a acreditar que não é possível. E isso vale para todas as áreas da vida. Quem não acredita em algo é porque convive com pessoas que nunca conquistaram esse algo.

Por isso, reforço aqui a importância de colocar o aprendizado em prática e gerar novas experiências para, então, subir alguns degraus em sua vida.

Sabedoria é fundamental para prosperar

Uma das maiores chaves para prosperar é a indignação. Se você ficar indignado com a vida que está vivendo agora, falará: "Já chega, não quero mais isso para mim!". E comece a ter mentalidade de vencedor, pois o único que pode te barrar é quem te enviou – Deus. E a segunda pessoa que tem o poder de te prejudicar é você mesmo.

A verdadeira sabedoria é entregue para os puros de coração. Não é para aqueles que não erram e não falham, e sim para aqueles que higienizam seus corações.

A sabedoria não é para você não falhar, e sim para se reedificar todos os dias. O seu coração tem que amar a sabedoria.

Muitas vezes, você não cresce, pois quer fazer tudo de modo organizado. Contudo, quando qualquer partícula está em movimento, tudo fica desorganizado. Sendo assim, se você se move, prosperará. As próprias pessoas que já estão ao seu lado carregam códigos preciosos. Mova-se e abandone seus bloqueios, livre-se de qualquer ambiente e conexão ruins. Quando você não consegue se mover, significa que não é livre.

Lembre-se disso para o restante de sua vida: a estabilidade não existe, a prosperidade é natural e a pobreza é uma resistência de quem é artificial.

A falta de dinheiro, as atribulações, a doença e até a morte não assustam a sabedoria. A sabedoria é maior do que tudo isso.

Clame pela sabedoria! Quanto maior a sua amizade com a sabedoria, maior será o seu rompimento mental.

COMO PLANEJAR O ANO?

Sempre que você falar que vai fazer e planejar algo – e não precisa ser algo mirabolante –, seja aderente e produtivo naquilo que você está propondo. O que significa isso? Se eu falar que vou fazer dez de alguma coisa e, no final, eu tiver entregue apenas oito, isso quer dizer que eu tive 80% de aderência.

Engana-se quem acha que prometer coisas grandes promoverá largas mudanças. Não irá. Qual é o grande problema na hora de planejar algo? Sempre planeje algo que você não dê conta e que, portanto, precise de mais pessoas.

Registre com você: todo planejamento tem que ser maior do que a capacidade da pessoa que o está idealizando. Se não for, não é um planejamento, pois todo plano deve ser maior do que a capacidade de realizá-lo.

Por que eu digo isso? Porque um planejamento deve ter a finalidade de crescimento. Se for apenas para tocar a rotina, se for algo que você já sabe fazer e que está dentro do seu volume, o plano não mudará nada na sua vida.

Agora, se você planeja uma ação de impacto e crescimento, por menor que seja, é um planejamento.

Por exemplo, se você quiser aumentar o número de seguidores do seu Instagram, esse plano pode ser uma rotina, que você faz aos poucos e sem grandes abalos, ou pode ser uma ação pontual, na qual você estipula uma data para começar e outra para terminar, ou um projeto.

Rotina, hábito e projeto

Neste tópico, vou detalhar um pouco mais os três parâmetros de planejamento que citei anteriormente:

ROTINA

Trata-se de um hábito, algo feito de forma recorrente. Eu, por exemplo, tenho na minha rotina fazer lives constantemente. É um hábito de crescimento, não apenas de seguidores, mas para eu continuar falando, treinando e descobrindo coisas novas.

Daí você pode virar para mim e falar que eu estou fazendo isso para vender. Vou te contar um segredo: quando você aprende a vender, nunca mais você para, o com falar que está vendendo, torna-se natural.

Vender faz parte da rotina e, assim como toda rotina que se preze, deve ser progressiva. Eu não paro com essa rotina porque é o meu hábito de prosperidade. É a minha ferramenta para transbordar na vida das outras pessoas.

Nos primeiros dias de um ano, por exemplo, eu não parei com as minhas lives. Sabe por quê? Porque esse período determina como será o restante do meu ano. Por isso, eu não paro. Eu desfruto todos os dias, mas eu tenho uma rotina, meu hábito.

A rotina pode ser viciante. Explico aqui que existem dois tipos de vício: o que te fará prosperar e o que tomará o seu tempo, o seu dinheiro e a taxa de ocupação do seu cérebro.

Transbordar e fazer networking são exemplos de vícios bons. Contudo, reforço: trata-se de um vício progressivo, que te fará crescer.

Vou te contar um caso. Quando eu entrei no mundo das corridas, muitas pessoas me falavam que tinham 30, 40 anos naquilo. É o tal do vício, você não dá conta de sair. E neste cenário, você precisa entender o que é este vício, se é o que vai tomar o seu tempo ou se é o que vai te fazer prosperar.

Quando eu descobri essa diferença, há aproximadamente oito anos, venho sempre adquirindo um novo vício. Por mais que eu queira continuar me dedicando a determinada atividade – por mais que ela seja positiva para a minha vida – eu não quero ficar escravo dela. E quando se trata de um hobby? Pode ser legal você gostar de uma ou outra atividade, porém, se esse hobby não tem um prazo para acabar, ele toma a sua vida.

Guarde isso com você: hobby é acessório, e você deve estar sempre mudando, pois ele domina a sua taxa de ocupação cerebral e você corre o grande risco de ficar preso a ele a vida inteira.

Eu ingressei no universo das corridas, mas não quero ficar nele a vida toda. Eu entrei, montei a minha equipe, fiz o melhor que pude, usei a atividade para networking, mas não me curvo a este hobby.

> O que me preocupa não é o grito dos maus, mas o silêncio dos bons.

# AGORA É COM VOCÊ!

Deixo aqui um desafio: escolha um novo vício (ou mais de um). E não se preocupe, ninguém vive sem vício. Lembre-se: vício significa um circuito fechado, não é algo necessariamente ruim. O vício é bom desde que você esteja crescendo e que ele tenha prazo para terminar. Escreva aqui o seu novo vício bom, no qual você entrará no próximo semestre.

_____
_____
_____
_____
_____

E escreva abaixo o vício que você tem e quer mandar embora, pois não está te levando para o caminho da prosperidade. Tenha esse registro como um desafio para se livrar dele.

_____
_____
_____
_____
_____

7 HÁBITOS DE PESSOAS ALTAMENTE PRÓSPERAS:

1 Escolha o ambiente em que ficará. Há lugares que não são férteis. Se você quiser trabalhar a terra, é possível. No entanto, se estiver em volta de agricultores que não querem trabalhar na terra, você gastará energia à toa.

2 Escolha as pessoas que podem ficar ao seu redor. Existem os amigos da infância e os amigos da prosperidade. Elimine de sua vida pessoas que podem prejudicar o seu crescimento.

 Conecte-se com pessoas que produzem ideias para você avançar. Fuja de pessoas que apenas ficam falando mal dos outros.

4 Estude sempre aquilo que faz sentido para seu propósito. Não gaste energia com o que não faz sentido para sua prosperidade.

5 Teste: aprenda, insista e teste caminhos até dar certo. Esteja em movimento! Faça coisas novas o tempo todo!

6 Quebre regras e instale hábitos. Viva bons hábitos que contribuam para sua prosperidade, tais como acordar cedo para produzir mais.

7 Viva no agora! É preciso focar no presente para agir com precisão em fazer aquilo que precisa ser feito.

AÇÃO PONTUAL

Vou trazer um exemplo bem simplório e até meio bobo de ação pontual. Você diz na sua rede social que postará uma foto com uma melancia na cabeça, se sua conta atingir, por exemplo, dez mil seguidores.

O que normalmente acontece? As pessoas – só para te ver com a bendita melancia na cabeça – começam a segui-lo. Esse é o lado inútil da internet, mas, se fosse comigo, eu tiraria proveito disso. Não falo isso com entusiasmo, mas, às vezes, a palhaçada que você faz em um dia traz mais seguidores do que um ano fazendo lives frequentemente.

Ações pontuais são muito úteis para que você consiga testar. Sempre teste coisas novas.

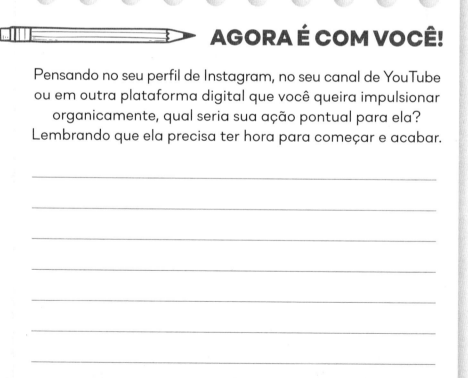

AGORA É COM VOCÊ!

Pensando no seu perfil de Instagram, no seu canal de YouTube ou em outra plataforma digital que você queira impulsionar organicamente, qual seria sua ação pontual para ela? Lembrando que ela precisa ter hora para começar e acabar.

_____
_____
_____
_____
_____
_____

PROJETO

Tenha em mente este conceito: projeto é sempre complexo. Não quero assustá-lo. Aqui não se trata de algo de alta dificuldade, apenas mais elaborado.

Qual é o melhor projeto que existe? O que tem data para acabar. Caso não tenha um prazo de validade, não pode ser considerado um projeto. Digo isso porque, se depois que implantado ele continua, deixará de ser um projeto e vira uma rotina.

Se você tem o sonho de comprar uma fazenda, por exemplo, e, na terra desta propriedade, não existe uma cultura, mesmo que não existam outras fazendas nas imediações, aquela propriedade será sempre barata.

Digamos que você queira plantar soja, mas a esmagadora de grão mais próxima fica a dois mil quilômetros de distância. Ou seja, se você plantar ali, custará caro o escoamento do produto.

O que significa tudo isso? Em um projeto, você precisa de energia, em segundo lugar, é preciso ter ambiência, ou seja, uma cultura em volta – de gente, de transporte, de outras plantações, de pessoas que esmagam, de outras que fazem o refino, daquelas que vendem e que distribuem. Uma cadeia.

É isso que valoriza uma terra. Contudo, tudo começa onde? Na matriz de energia. A força de vontade não o fará crescer. O que fará o seu desenvolvimento é a sua matriz energética.

Uma das coisas que mais ouço é a pergunta: de onde sai tanta energia? Da cultura que eu criei, do jeito que eu começo o dia. Como assim? A primeira coisa que eu faço quando começa o dia é transbordar, fazer o boot, ler a palavra, me conectar com o que faz sentido, que sempre fez sentido e que daqui a mil anos continuará fazendo.

O que não faz sentido é você acordar, levantar e ficar trabalhando o dia inteiro. Você entra no circuito e não consegue sair. Tem gente que trabalha por hobby, ou seja, passa o dia inteiro – a melhor parte do seu dia – ocupado com esse hobby.

Para um projeto dar certo, é preciso higienizá-lo todos os dias e colocar etapas. Não se esqueça de algo muito importante: um bom projeto tem data para acabar.

E se você pensa que ficará ansioso pela data do fim, pode ficar tranquilo, pois a sua cabeça estará focada nos microrresultados do dia a dia. Se no total de um ano você tiver um por dia, ao final de um ano serão 365 microrresultados!

TUDO É ENERGIA

Quando uma pessoa não sabe reciclar os seus lixos (energia), ela deposita nos outros. Cuidado para não absorver o lixo dos outros! Quando uma pessoa jogar lixo no seu quintal, deixe-o ir embora. Se você não reciclar essa energia, pagará muito caro!

O amor é a energia mais potente e a que produz mais resultados. Quando você é carregado de amor e transbordado por essa energia, você não consegue magoar o outro.

Alguém muito rico pode estar amargurado. Não é o dinheiro dele que o faz ficar bonito e em paz no seu interior, falta boa energia: AMOR.

AGORA É COM VOCÊ!

Qual é o seu projeto para os próximos seis meses? Quais são as etapas dele? Escreva abaixo e tenha este registro como um lembrete, um norte para você mesmo.

FARDO X PRESSÃO

Ao elaborar um projeto, diferencie o que é fardo do que é pressão. O primeiro pode te causar frustrações. Por exemplo, você estipula que emagrecerá 30 kg. É uma meta muito grande. Comece projetando eliminar três quilos.

Entre no ritmo do emagrecimento. Esse ritmo é fundamental para o resultado. Trago uma estatística que comprova o que estou dizendo. Você sabia que em torno de 70% das pessoas que fizeram lipoaspiração voltam a ganhar até mais peso do que tinham antes da intervenção? É como se elas hackeassem a gordura, mas não hackeassem o cérebro.

Você sabe o que é hack? É uma espécie de ferramenta encurtadora.

Por isso, eu sempre digo: não tem como mudar algo se você não hackeou o ambiente, a frequência e o comportamento. Não adianta.

Tem gente que do dia para a noite quer tomar uma bomba (anabolizante) e quer inchar o braço. Pode até funcionar, mas a longo prazo essa pessoa reduzirá a sua vida.

Não existe hack para ganhar tempo, mas sim para acelerar resultados. O hack não existe para ganhar nem um segundo.

Voltando ao tema fardo x pressão. No fardo, você se sentirá como um animal de carga, carregando algo que não dá conta. Então, o primeiro passo aqui é aliviar a carga e subir a pressão.

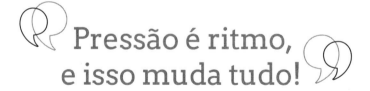

> Pressão é ritmo, e isso muda tudo!

Eu estou correndo 5 km todos os dias, inclusive tornei público esse compromisso. Certo dia, levei um amigo para me acompanhar – ele nunca passava de 5 km. Eu, então, o desafiei nesse dia, disse que ele realmente não conseguiria passar desta distância do qual ele já estava acostumado. Ele já começou a ficar mais sério.

Eu propus que, caso ele chegasse a 9 km correndo, eu o presentearia com R$ 1 mil. Ele continuou correndo. Então, fiz mais uma provocação, disse que ele tinha o semblante derrotado e ofereci o dobro do valor, caso ele não aceitasse e quisesse parar naquele momento.

Uma outra pessoa que nos acompanhava, um amigo nosso, me ajudou a "botar pilha", ou seja, a subir a pressão. E o meu amigo simplesmente correu 10 km! Ele fez algo que nunca tinha feito, aliás, nunca tinha chegado nem perto, pois o máximo que fazia era metade.

Eu o desafiei várias vezes ao longo do percurso, reduzindo ou acelerando o meu ritmo para tentar desestabilizá-lo, mas ele estava focado e seguiu o ritmo dele até o fim.

Essa iniciativa dele não foi uma rotina, porque foi a primeira vez, nem foi um projeto, foi uma ação de impacto, para gerar disparo de gatilho.

Esse é um dos exemplos de que você tem que usar o apelo emocional para atingir resultados, senão você não consegue.

O segredo nas suas mãos

Na mão esquerda, sempre estarão as leis, as regras e a disciplina.

Na mão direita há os princípios, os hábitos e o estilo de vida.

Não tente seguir regras, pois essas são fáceis de serem quebradas. Faça a gestão de hábitos e, quando esses se fortalecerem, já virou um estilo de vida. Ninguém prospera com a lei, siga princípios.

Aluguel do sucesso

O que será que dói mais: a dor da pobreza ou a dor da riqueza? Não é a da pobreza, pois muita gente a aguenta por muito tempo no Brasil. Se doesse mais a dor da pobreza, a gente iria ver pessoas agonizando, gemendo nas ruas, nos ônibus, afinal, há muita gente pobre no país.

Já a dor da riqueza é insuportável, ela consiste em você ter que continuar crescendo e estudando. E aí a gente entra no aluguel do sucesso, mas o que é isso?

Pense comigo, em um ano você treina todos os dias e transforma o seu corpo em uma máquina. No outro, você se entrega à ingestão de açúcar e alimentos processados. O corpo do ano passado acabou, ficou para trás.

O projeto de vida no qual você se dedica no prazo de um ano possibilita um grande crescimento, mas não se pode parar por aí.

Ao alugar uma loja de shopping, por exemplo, há duas formas de negócio: a luva e o CDU. Vou fazer uma rápida explicação sobre isso. As luvas dão o direito de o lojista utilizar o ponto pelo período do contrato, geralmente de cinco anos. Este custo é pago apenas uma vez, na escolha do local, a quem for o proprietário do ponto e vale pelo período de contrato estipulado. Já o CDU – Concessão de Direito de Uso – é o valor que é cobrado do lojista a título de utilização da infraestrutura técnica do empreendimento, aplicável aos contratos com prazo superior a 60 meses.

O aluguel do sucesso é como se fosse a luva. Ou seja, você pode ter o corpo perfeito em um ano, mas, se no outro, você não se dedicar, o aluguel será cobrado. Por isso, você deve ter bons hábitos, constância e progressão.

O segredo para evitar altos e baixos está no ritmo. É aí que está o pulo do gato! Vejo muitas pessoas chateadas e frustradas porque querem que o seu negócio, o seu projeto, dê certo rápido.

O problema é que, quando os resultados começam a aparecer, ela quer desligar os comandos por achar que já conseguiu chegar aonde queria. Não chegou. É preciso transformar tudo isso em hábito.

AGORA É COM VOCÊ!

Olhe para a sua mão direita e escreva quais são os princípios e os hábitos que não abrirá mão em sua vida para prosperar.

Matriz energética

Em tempo de vida, temos em média 1.051.200 horas. Para tentar facilitar a visualização deste tempo, essas horas equivalem a 43.800 dias. Para criar uma matriz energética, essa é a volumetria máxima em tempo de vida. Eu lhe pergunto, então: você está fazendo o que com essas horas?

Se você está calculando quanto todo esse tempo equivale em anos e se surpreendeu com o resultado, vou explicar a seguir de onde eu tirei essa informação:

> "Por causa da perversidade do homem, meu Espírito não contenderá com ele para sempre; e ele só viverá cento e vinte anos." *Gênesis 6:3.*

Infelizmente, a maioria das pessoas aproveita só uma parte e não toda essa volumetria de tempo. Agora, sabendo que esse é o limite de horas, você precisa encontrar formas de não aumentar a pressão para não encurtar a distância até o dia final.

Para isso, é preciso desfrutar. Não faz sentido planejar um ano, por exemplo, sem desfrutar todos os dias. Um escravo planeja seis dias de trabalho e um de descanso.

Primeiramente, desmistifique a palavra descanso. Em Gênesis, Deus criou o sétimo dia. Quando foi mesmo? No dia de descansar! A raiz da palavra descanso, em hebraico, significa desfrute.

É terrível esse formato de trabalhar como um cavalo por seis dias e apenas no sétimo dia descansar. Comece o dia desfrutando, já na segunda-feira. E pense que todos os dias são segundas-feiras. Calma, não precisa se apavorar.

O que eu quero dizer aqui é que não adianta você atribuir um sentimento diferente para cada dia da semana. Tem dias que você dará mais resultados, já em outros terá menos.

Apresento um exemplo simples, porém muito ilustrativo do que quero dizer. No corpo humano, se o coração trabalhar apenas às segundas e às sextas-feiras, essa escala funcionará? Nos feriados, o pulmão não trabalhará. Haverá sucesso?

Tudo o que o trabalhador quer começa com F

Em alguns momentos, vou destacar coisas que podem assustá-lo e, eventualmente, podem fazer você se afastar de mim. Contudo, tudo bem; se isso acontecer, o que eu quero mesmo é que você reflita.

Pense na cabeça de um trabalhador – e não há nenhum problema em sê-lo –, como diz na Bíblia: "O trabalho edifica o homem".

Sob a ótica do trabalhador, todas as coisas que ele quer começam com a letra F. Vamos a elas:

- Folga;
- Feriado;
- Final de semana;
- Férias;
- Festinha;
- Fundo de garantia;
- Fofoca (durante o trabalho).

Tudo isso para chegar no final e ele se F****.

Portanto, quem trabalha pensando em férias, folgas e tudo o que listei acima, ficará o tempo inteiro em uma energia ruim. Algumas pessoas me perguntam quando eu, Pablo, tiro férias? Se o meu filho está ao lado, ele logo responde: "Ele vive em férias".

Como? Quem pode planejar a própria vida, quem tem múltiplos recursos e não depende de apenas uma fonte, consegue.

Vou pegar na sua mão agora e estipular uma meta para o próximo ano: não ter menos do que três rendas.

Se você é assalariado – que é uma renda insegura, pense nisso –, abra uma fonte de renda na Internet, que é um dos meios mais fáceis de se fazer uma renda hoje.

Quem faz mentoria comigo sabe que eu insisto nesta tecla. Eu quero que você aumente suas fontes de renda. No capítulo a seguir, explicarei com mais detalhes como fazer isso.

> *Empresas não foram feitas para gerar lucro, e sim gerar valor. Não é sobre dinheiro, é sobre propósito.*

COMO AUMENTAR SUAS FONTES DE RENDA

Se você não tem crescido nos últimos meses, certamente você não tem liderado a sua vida e não tem dominado a ferramenta do século, que é a internet.

Se você trabalha 180 horas para fazer R$ 2 mil por mês, na internet, esse mesmo valor é possível de ser obtido em um clique.

Você dá conta? Se respondeu que não, está faltando instrução, humildade e disposição para aprender coisas novas. E mais, você pode estar achando que está faltando energia na matriz energética.

No ambiente que você convive, ninguém faz isso e, quando você conversa com alguém, a resposta que você tem é: "Não existe". Se em um ambiente ninguém faz, é normal não acreditarem.

Por isso, seu primeiro alvo para o próximo ano, semestre ou para o período que você estipular, pode ser atingir, no mínimo, três fontes de renda. O salário pode ser um. Se você tem uma empresa e recebe o pró-labore – que para mim é a mesma coisa de um salário – e se bater tal resultado, desperte o gatilho da bonificação, é isso que um empresário deve fazer.

Um dos maiores erros dos empresários no Brasil é confundir o caixa da empresa com a sua conta pessoal. Esse caixa único é o ponto de partida para o caos. Você só deve colocar as mãos no dinheiro da empresa se conseguir resultado. E é aí que entram as bonificações.

Quando você entender isso, você levará sua empresa a sério. Não misture os caixas. Não compre carro ou qualquer outra coisa com o dinheiro da empresa. Você só deve fazer boas retiradas quando bater resultados.

Vamos ao que interessa, que é saber como ter três rendas.
- Uma virá do trabalho ativo – é a que demanda mais esforço e exigirá mais tempo e atenção;
- Outra de algo no digital – trarei mais detalhes e lhe mostrarei opções de atividade para lucrar neste ambiente;
- A terceira será a renda passiva – serei mais explicativo nos próximos capítulos.

O jogo do mundo empresarial

Para você prosperar de verdade, é preciso se tornar uma pessoa analítica, ou seja, que goste de ler números, de analisar dados.

> **Em Deus, nós confiamos. Todos os outros tragam dados.**
>
> A famosa frase do consultor americano W. Edwards Deming (1900-1993)

Eu sou executivo de um grupo avaliado em R$ 2 bilhões, do qual eu sou o proprietário, que abrange mais de 20 empresas. A maior parte é do ramo de tecnologia, mas inclui também as áreas de treinamento, automobilística e imobiliária. Invisto em muitas startups, tenho aproximadamente 20 empresas no meu grupo e invisto em outras 20 fora dele.

O que eu entendo sobre empresas? Fiquei quase oito anos na Brasil Telecom, saí de lá em 2013, na época eu era um dos executivos mais jovens do Brasil, com quase 200 mil funcionários. Já apliquei consultoria para 54 empresas, fui mentor industrial de grandes nomes da indústria e de empresários renomados do Brasil.

Já vivenciei crescimento em doses cavalares, de 700% e de mais de 2000%. Estou revelando isso apenas para deixar você mais seguro da minha expertise. Por que essas coisas aconteceram e continuam acontecendo comigo? Porque eu entendi como se joga o jogo do mundo empresarial.

Atualmente, para você ter uma ideia, eu tenho em torno de 40 fontes de renda diferentes, entre elas, royalties de coisas que registrei, sou compositor de música e recebo renda passiva de YouTube por propaganda.

Na primeira vez que saquei dinheiro do YouTube, quase caí para trás, pois eram R$ 700 mil. Eu olhei e não acreditei. Sei de uma pessoa que tinha um canal maior que o meu e esqueceu-se de configurar para monetizar e, portanto, acabou não recebendo nada.

A título de conhecimento: quando você assiste a um vídeo meu, a propaganda me remunera. Cada um dos 32 livros meus também. Um deles somente, o "Antimedo", lançado em 2019, banca a minha vida.

QUEM FOI EDWARDS DEMING?

William Edwards Deming é mundialmente reconhecido pela melhoria dos processos produtivos nos Estados Unidos durante a Segunda Guerra Mundial, sendo, porém mais conhecido pelo seu trabalho no Japão. Na Ásia, a partir de 1950, ele ensinou altos executivos a melhorarem seus projetos, qualidade de produtos, testes e vendas (este último por meio dos mercados globais) por meio de vários métodos, incluindo a aplicação de métodos estatísticos como a análise de variantes e teste de hipóteses. Deming deu contribuições significativas para o Japão tornar-se notório pela fabricação de produtos inovadores de alta qualidade. O especialista é considerado o estrangeiro que gerou o maior impacto sobre a indústria e a economia japonesa no século XX.

Fonte: https://deming.org/learn/demingnext/

Vamos calcular

Aqui um parêntese: não estou calculando cada livro como uma fonte de renda diferente. Eu agrupo os livros como uma fonte de renda.

Em meio às minhas fontes de renda, há também aluguel, carteira de loteamento, dividendo de empresas e equity – que é quando você investe em uma empresa já estabelecida; se ela é vendida, eu recebo. Para completar, ganho dinheiro comprando e vendendo carro, comprando e vendendo bens em leilão, com fazendas, entre tantos outros meios.

O que eu quero que você entenda: **que não é possível viver apenas com uma renda. E é a partir daí que a sua indignação avançará.**

De onde sai toda essa renda? Das capacidades cognitiva, analítica, de relacionamento, de gestão, energética e outras. Estabeleça para si o aumento da sua capacidade. Multiplique seu skill.

Sobre a renda ativa, sugiro que você tome muito cuidado, pois esta renda pode te empobrecer, independentemente do valor.

Existem três tipos de algemas na vida, a de prata, a de ouro e a de bronze. O salário de um trabalhador mediano é a algema de bronze.

Eu conheço muita gente; e, às vezes, eu chego para um pedreiro, por exemplo, e pergunto por que ele não abre uma empreiteira. Ele me responde que não, porque tem mês que não ganha nada. Eu rebato e digo que se, em um mês ele não ganha e no outro ele pode receber R$ 30 mil, é mais lucrativo este modelo de negócio do que trabalhar todos os meses como pedreiro para ganhar R$ 3 mil. Percebe a lógica?

Quem entende isso nunca mais fica sem ganhar dinheiro. Esse pedreiro ainda complementa a sua argumentação, dizendo que prefere ficar com a sua atual renda mensal, porque é mais seguro.

Pense nesta frase: nunca vai sobrar dinheiro na mão de um gestor. Quem é gestor de recursos nunca tem sobra.

4 CÓDIGOS DA PROSPERIDADE

1 Salário é inimigo do lucro. Empreenda, tenha o seu próprio negócio para prosperar.

Patrimônio – a pessoa pode quebrar, mas o patrimônio sustenta. Exemplo: aluguel de um imóvel. Contudo, patrimônio não é tudo, pois pode gerar despesa (exemplo: custo do condomínio). Assim, ele tem que trabalhar para você. O faturamento deve ser maior que os custos envolvidos.

Invista em renda passiva, ou seja, aquele que trabalha para você. Aluguel de imóvel é um bom exemplo para isso.

Ame as coisas que Deus ama. Transborde na vida dos outros com seu propósito e multiplique.

AGORA É COM VOCÊ!

Use esta página como uma espécie de plano de renda. Anote quais são as suas fontes de renda hoje. Se você tem apenas uma, pense em algum meio de obter uma segunda. Se você já tem duas, estamos indo bem! Encontre uma forma de conseguir a terceira. Lembre-se: o seu salário pode ser o principal, mas não a única fonte de renda. Nesta página, quero que você exercite o seu cérebro para encontrar novas fontes de renda – uma dica: algum serviço no mundo digital deve estar entre elas.

A segurança é uma prisão

Vou surpreender você mais uma vez – e olha que o livro está só no começo. Mas o que quebra uma pessoa é a tal da segurança. Não pense que eu estou falando isso porque hoje eu tenho dinheiro. Digo e repito a você que eu fiz isso do primeiro dia e farei até o último.

O que vai te libertar é ter no mínimo três rendas. Sabe quando eu comecei a ter três rendas? Aos 16 anos de idade. Sabe quando eu ganhei dinheiro pela primeira vez? Aos nove, tomando conta de carros na rua. Nunca dependi dos outros. Aliás, a última vez em que dependi de alguém eu tinha nove anos.

Volte ao que eu disse no capítulo anterior. Nunca vai sobrar dinheiro na mão de um bom administrador. Quando casei, 14 anos atrás, minha esposa falava: "Quando sobrar dinheiro, vamos fazer tal coisa". Para desespero dela, eu respondia que nunca sobraria dinheiro.

O que eu queria dizer a ela e quero dizer a você: quando não há dinheiro no presente, você tem que sacar do futuro. Como assim? Simples, estou falando de crédito. Você pode estar pensando: "Meu pai me ensinou a não fazer dívidas". No entanto, eu explico a você no próximo tópico que existem dois tipos de dívidas.

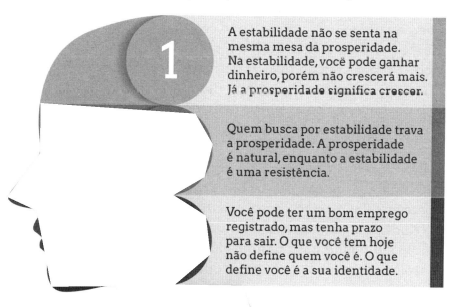

1

A estabilidade não se senta na mesma mesa da prosperidade. Na estabilidade, você pode ganhar dinheiro, porém não crescerá mais. Já a prosperidade significa crescer.

Quem busca por estabilidade trava a prosperidade. A prosperidade é natural, enquanto a estabilidade é uma resistência.

Você pode ter um bom emprego registrado, mas tenha prazo para sair. O que você tem hoje não define quem você é. O que define você é a sua identidade.

Os tipos de dívidas

Existem dois tipos de dívidas, a de consumo e a de alavancagem. Com o perdão da palavra, mas dívida de consumo é coisa de otário. Aqui, é claro, não me refiro a despesas de alimentação, pois é uma questão de sobrevivência.

O consumo geralmente está pautado na vida de alguém para chamar atenção dos outros, o popular "aparecer". Eu doutrinei meu cérebro de tal forma que eu não arrego, eu posso comprar qualquer coisa, porém tem de ter um cumprimento de propósito. Sobre as coisas caras que eu compro, o primeiro propósito é a extrema felicidade da minha família, o segundo é o *branding* e o terceiro é alavancagem financeira.

Se algo não cumprir um dos três requisitos, eu não compro. Vou lhe revelar algo particular para te ajudar a se destravar: o sonho mais espetacular que eu tinha na minha cabeça era ter uma casa de R$ 1 milhão. Hoje eu moro em uma mansão de R$ 30 milhões.

Essa aquisição tem um propósito, aliás, mais de um, mas o principal é a felicidade da minha família. Minha casa tem o apelido de indústria da felicidade, é considerada sete estrelas. De todos os hotéis mais caros do mundo que já visitei, a minha mansão só perdeu para um, porque eu não coloquei ouro na parede.

Este hotel ao qual me refiro é o *Emirates*, localizado em Abu Dhabi. Para a criação dele, foram investidos R$ 3 bilhões. E há estudos que afirmam que os proprietários/investidores nunca terão o payback, ou seja, nunca recuperarão o dinheiro. Construíram este hotel para ser um ponto turístico ou por não saber onde colocar tanta grana.

Confesso que é o lugar mais assustador em que eu já me hospedei. Já fiquei no *Burj Al Arab*, em Dubai, o único hotel do mundo sete estrelas, e minha casa supera de longe. Já me hospedei no *Burj Khalifa*, o maior prédio do mundo, paguei R$ 55 mil a diária, e te digo, a minha casa ganha. Não quero aqui ficar listando as maravilhas da minha casa, quero apenas lhe fazer pensar.

AGORA É COM VOCÊ!

Quais são os tipos de dívida que possui hoje?
São dívidas de consumo ou de alavancagem?
Pense também se há maneiras de renegociá-las
e coloque prazo para concretizar essa ação.

FUI PICADO PELO "RICAVÍRUS"

O meu primeiro trabalho registrado foi como atendente de call center e o salário era de R$ 240,00, está na minha carteira. Só que eu nunca parei de crescer, tenho este defeito e quero contaminar você!

Um dia o "ricavírus" me picou! E espero que você seja o próximo a ser picado pelo "ricavírus". O que quer dizer isso? Não é sair fazendo dívidas de consumo, mas sim de investir corretamente.

Agora que você já sabe como funciona a dívida de consumo, vou explicar sobre a dívida de alavancagem.

Se eu lhe perguntar qual é o país mais rico do mundo, acertou se respondeu Estados Unidos. Agora, se eu te questionar qual é o país que mais deve no mundo? Também são os EUA. Eles trabalham com dinheiro de outras nações.

Anote a expressão OPM (Other People's Money), que significa trabalhar com o dinheiro dos outros. E é isso que os Estados Unidos fazem e que as pessoas que prosperam fazem ou já fizeram.

Quando meus sócios e eu entramos no mundo digital e não entendíamos do ramo, fomos construindo aos poucos – hoje temos uma das maiores empresas de lançamento da América Latina, investimos milhões do nosso bolso. Até que aprendemos a não usar o nosso dinheiro para rodar tráfego na internet, por exemplo, uso dinheiro do Facebook. As grandes contas de lançamento têm uma coisa chamada linha de crédito. No meu caso, a gente faz o lançamento, usa o dinheiro do Facebook, fatura e depois vai pagá-lo.

Você tem que sacar o dinheiro, primeiramente. Não tem como você não entender a regra do jogo.

Por que você usa um Iphone da última geração? Pode ser honesto na resposta. Deixa eu ver se adivinho? É para aparecer para outras pessoas, certo? Desculpe-me o termo, mas é uma dívida burra. Você então pode pensar que comprou esse aparelho para se sentir bem. Era melhor ter investido em um livro, saía mais barato.

Um Iphone 13, por exemplo, deve estar em torno de R$ 10 mil. Você então compra esse produto para ficar bem? O livro custa em torno de R$ 50.

Estou aqui chamando a sua atenção para o propósito disso. Você precisa usar esse Iphone para construir riqueza. Como? Um aparelho desse faz fotos impecáveis, faz vídeos de cinema, possibilita que você se torne um social media e faça até R$ 20 mil por mês apenas com este equipamento em mãos. Na atualidade, não é preciso nem de computador.

Lembra do exercício em que eu sugeri que você escrevesse, pelo menos, uma nova fonte de renda e que o digital poderia ajudar nisso? Você pode estar com uma máquina nas mãos, talvez até por onde está lendo este livro, mas não está sabendo fazer esse aparelho de celular ajudá-lo a ganhar dinheiro.

Onde está o erro? A pessoa troca o dinheiro de salário por dívida de consumo.

AGORA É COM VOCÊ!

Qual foi a última coisa cara que você adquiriu?
Este item está cumprindo o propósito de levar felicidade para você e/ou sua família? Está te ajudando no *branding*?
É algo que pode impulsionar uma alavancagem financeira?
Liste abaixo o que é este produto e como ele pode te ajudar a cumprir tais propósitos:

_____
_____
_____
_____
_____
_____
_____
_____
_____
_____
_____
_____

Seu cilindro de oxigênio

Vamos falar sobre renda. A renda ativa, como já antecipei nos capítulos anteriores, é o salário ou o pró-labore, e, quando esse valor não cresce, estamos diante de um problema: você está em projetos em que você não cresce, logo não faz sentido.

Ter um emprego é bom, mas desde que você esteja aprendendo e crescendo. Caso isso não aconteça, ele não serve para mais nada a não ser para derreter a sua vida. Reforço o meu raciocínio: tenha muito cuidado com a renda ativa.

Uma curiosidade, a palavra salário vem de sal porque antigamente os pagamentos eram feitos em placas de sal. Como não existiam tantos produtos, até o escambo era restrito, os pagamentos eram feitos por meio de blocos de sal. Vou brincar com uma metáfora aqui. Você que vive de salário tem a vida salgada. Ela só se tornará doce quando você encontrar outras fontes de renda.

AGORA É COM VOCÊ!

Sugiro que você faça um exercício que costumo fazer com o público das minhas palestras e lives. É algo que lhe causará mudanças no seu cérebro. Fique de pé, respire fundo, puxe bastante ar e solte. Repita três vezes. Na quarta, puxe o máximo que conseguir e não solte. Este ar que você está segurando é o seu salário. Ainda representando esse ar dentro de você, pense que, se hoje é o primeiro dia do mês, ainda faltam mais 29 para você viver com este salário. Continue segurando e pense que hoje é dia dois do mês e, portanto, faltam 28 dias, e assim por diante. Cada dia precisa de, pelo menos, cinco segundos. O salário é um cilindro de ar que alguém coloca nas suas costas. Até que dia você consegue chegar? O salário é inimigo do lucro. Serve apenas para você aprender e crescer. Nesse tempo que você gastou segurando este ar, ou melhor, este salário, você poderia ter pensado e criado outras alternativas de renda. Não desejo a ninguém viver com um cilindro de ar dado pelo patrão.

Renda passiva

Você mora na casa que você gostaria de ter? Essa é a casa que o seu patrão e o seu salário te deram.

A falta de estratégia e de entendimento de quem você é e do seu propósito farão você implorar por cilindro a vida toda. No entanto, as pessoas conseguem se acostumar mais facilmente com a escassez do que com a riqueza e acabam dividindo o cilindro de dois dias para um mês.

Agora, se a sua renda ativa é um cilindro de oxigênio, o que é a renda passiva? Posso exemplificá-la como uma espaçonave com ar o suficiente para você viver por 900 anos.

Você pode flutuar, passear e fazer dela o que você quiser! Qual é a diferença entre viver apenas com um cilindro e ter uma espaçonave com autonomia de ar de séculos? Você construiu essa energia.

Deus soprou esse ar na narina do Adão para ele desfrutar, não para regular um cilindro. Não foi para você dar a sua vida por salário.

Em uma civilização na qual muitas pessoas não trabalham, você é doutrinado a ser trabalhador, é compreensível. É assim que funciona.

Quando você observa algumas nações africanas, nas mais pobres condições de vida, o homem não gosta de trabalhar, quem está na enxada é a mulher. E quem cuida das crianças são elas mesmas.

Em Luanda, capital de Angola, estamos construindo uma cidade. Se eu chegar e falar que vou doar uma fábrica de tijolos, mas que quem construirá os tijolos serão eles, vai haver uma hesitação, eles vão se entreolhar...

O local tem uma terra orgânica apropriada para a fabricação dos tijolos, daria para fabricar aos montes. Eu, Pablo, tenho energia o suficiente para entregar tudo pronto, mas não vai dar graça nenhuma, as pessoas precisam construir a própria riqueza.

Você precisa entender e abrir mão do cilindro para entrar na espaçonave, para andar na velocidade e na direção que você quiser.

Para levantar uma espaçonave do chão, gasta-se muito petróleo. Uma tonelada para sair e outra para cada hora de voo. O custo maior é para a partida. Tem aviões com capacidade para 10, 50 e até 100 toneladas. Imagine tirar todo esse peso do chão? É da sua vida que estou falando. A decolagem é muito mais custosa!

Eu abri mão de um bom salário, de uma algema de ouro maciço da Tiffany com pedras de diamante. Eu já fui executivo de uma empresa, e se você é, se identificará com o que eu vou dizer. O seu sonho e a sua mentalidade são daquele lugar, daquela empresa, não são da sua cabeça, do seu coração.

Eu era executivo de um lugar, e o meu sonho era ser presidente desta empresa, me refiro à Oi Brasil Telecom. É interessante observar que os mimos para quem vai subindo de cargo vão melhorando para que você não pense em sair.

Eu não me esqueço de algumas coisas que aconteceram lá. A empresa nos enviava, de Goiânia, de helicóptero, para outra região, todos os anos, para fazer exames, como se fôssemos atletas. Eles pagam todas as necessidades médicas, nossa conta de telefone, de TV a cabo e de internet. Davam 13º, 14º e, para alguns cargos, até 15º salário. É uma algema. E quando você chega em uma festa de família ou de amigos, por exemplo, você mostra a sua algema da Tiffany e todo mundo pira.

Você chega nessas ocasiões e diz o valor da algema, seja ela 10, 20 ou 30 mil por mês. Aí alguém te fala: "Ah, mas você está algemado", e você responde de imediato que sim, mas que a sua algema é de ouro. Parece deprimente, não?

E não se preocupe, o mundo não ficará sem trabalhadores. O Brasil tem mais de 200 milhões de pessoas, consumindo o meu conteúdo algumas centenas de milhares. Ou seja, se todo mundo que tiver acesso a este livro mudar essa chave, o país continuará o mesmo.

Não use esse pensamento como uma desculpa para se manter com o seu salário e o seu cilindro.

Aumente o seu ritmo

Isso aqui é para ontem. Você precisa e deve aprender a fazer renda no digital. A minha empresa de lançamento é a que mais fez faturamento nos últimos dois anos, algumas centenas de milhões de reais.

Algumas pessoas batalham a vida inteira para fazer um milhão. Em alguns lançamentos, minha empresa faz milhões em alguns minutos.

Eu carrego comigo um resultado de nove dígitos, que é um dígito mais nove zeros. São lançamentos superiores a R$ 100 milhões. Dificilmente você encontrará no mundo alguém que fez um lançamento que supere o meu.

Eu fui descobrindo, empilhando, sem colocar o fardo na minha cabeça. E é o que eu sugiro que você faça, aumente o seu ritmo.

Eu me propus a correr 5 km todos os dias. Tornei público este compromisso e, se você quiser, entre na Strava e me siga na rede social de corrida. Várias pessoas me veem postando todos os dias e eu vou continuar fazendo.

Se eu não puder estar na rua e estiver dentro de um avião, eu vou correr 5 km na esteira dentro do avião. Mas não vai ter desculpa. Tem gente que fala que não deu, que ficou várias horas em um voo. Por que você não fez antes? Faça no voo.

Qual é o grande lance? Quando você percebe que tem como aumentar o ritmo, você vai pirar.

Vamos a um exemplo: se você é sedentário e decide correr 5 km, você concluirá o percurso em uma hora. Se você tracionar, vai fazer em 50 minutos. Se você treinar, estudar e fazer os ajustes necessários, você faz essa marca em meia hora.

Daí por diante, você reduzirá o tempo gradativamente. Eu já vi um cara fazer 5 km em 16 minutos. Foi o menor tempo do qual tenho conhecimento.

Constância progressiva

Qual é a diferença entre ritmo e constância? Tem gente que está em uma constante miséria e não muda. Se você está em uma linha de constância, você não prosperará.

A constância tem que ter uma pequena inclinação, chama-se constância progressiva. Fazer mil palestras do mesmo jeito, com o mesmo powerpoint, não vai lhe garantir nada.

Agora, se você fizer ajustes progressivos, se tornará um dos maiores oradores do país. É uma espiral ascendente.

A CONSTÂNCIA É O SEGREDO

Tudo é realmente simples, porém difícil. O segredo é ter constância! Anote o código: idiotas conseguem fazer qualquer coisa, porém não conseguem repetir todos os dias.

Não gaste o seu tempo em coisas que não possibilitem retorno. Esse retorno não precisa ser diretamente financeiro, mas pode ser de aprendizado, por exemplo.

> O que vai garantir a sua prosperidade é a mentalidade de compra e de venda.

DESTRAVE-SE!

Eu escrevo livros, dou palestras, faço mentorias e lives para te ajudar a prosperar, mas quero que você compreenda que o propósito disso tudo não se trata exclusivamente do dinheiro que você acumula em sua conta bancária, o que eu quero que você mude é a sua cabeça.

O que vai garantir a sua prosperidade é a mentalidade de compra e de venda.

Eu propus um desafio para uma turma de alunos de um dos meus cursos no qual eles teriam que fazer *stories* todos os dias e colocar nos destaques as 40 chaves da prosperidade – se você não sabe do que estou falando, acesse as minhas redes sociais ou leia o meu livro "A Arte de Negociar".

Minha equipe iria conferir diariamente e, sem que os alunos soubessem, eu premiaria a melhor performance com uma *Range Rover* zero.

Esse exercício ajudaria a destravá-los e melhoraria a oratória de cada um. Além, é claro, de ajudar a criar uma rotina de gravação de vídeo, de desinibição e de promoção de si mesmos.

Quem destrava esses pontos e muda a chave pode ter certeza de que me agradecerá para o resto da vida. Isso porque, na hora de lançar o próprio produto, esse aluno já estará minimamente destravado para o negócio acontecer.

Tem gente que não ganha um real no digital porque tem vergonha dos amigos. Para essas pessoas, eu dou uma dica: crie uma conta nova. Pois, se na sua atual, você não produzirá conteúdo por conta dos amigos, desfaça as suas atuais conexões e parta para uma nova página.

Se as pessoas são suas amigas mesmo, é claro que você não vai precisar fazer isso. Um amigo de verdade não torce contra o progresso do outro.

Salário, lucro e patrimônio: make money!

Renda ativa significa trocar horas por salário. Quanto mais tempo você precisa para obtê-lo, seja R$ 10 ou R$ 50 mil, menos vantajoso é.

Lembre-se de que o salário é inimigo do lucro. E o lucro é inimigo do patrimônio. Como assim? Explico: tem gente que tem lucro, mas não faz nada com ele, só gasta.

O que você precisa é fazer com que o patrimônio supere o lucro. Esse é um destrave importante. O lucro por si só não significa nada além do fato de que eu ganhei uma quantidade de dinheiro que não sei o que fazer com ele.

PEGA ESTE CÓDIGO: o salário tem que migrar para o lucro e este, por sua vez, migrar para o patrimônio.

Durante este capítulo, você pode ficar surpreso com algumas colocações, mas são destraves que farão a diferença na hora em que você pensar sobre dinheiro.

O patrimônio é inimigo da renda passiva! Como? Se esse patrimônio não tem a capacidade de te bancar, ele é inimigo da renda passiva.

Você pode ter um lucro de milhões, mas, se não patrimonializar, ele não renderá. Ou seja, você deve investir, comprar coisas que estão em baixa e vender quando estiver em alta e sempre repetir este ciclo. Este é o segredo do mercado.

Eu costumo fazer muitos negócios em leilões. Ainda hoje, pouco antes de iniciar este capítulo, recebi uma oferta de um carro que vale R$ 480 mil por R$ 200 mil. Que tal? É sobre esse tipo de coisa que estou falando. Eu não me limito a fazer negócios no digital, faço dinheiro em tudo o que é possível fazer. Make money!

Esse é o raciocínio de quem é empreendedor: trata-se de ser um "fazedor de dinheiro". No entanto, infelizmente, a nossa mentalidade de brasileiro é a de ganhar dinheiro.

Tem duas pessoas que ganham dinheiro: criança pequena e mendigo. Se você não está nestas duas esferas, desculpe-me, mas o termo certo para ganhar dinheiro é vagabundagem!

Você pode pensar consigo mesmo: "Ah, mas eu dou dinheiro para o meu filho de 20 anos, qual é o problema disso se é apenas uma mesada?". Entendo que essa ação possa parecer inofensiva, até um gesto de carinho, mas, sinto te dizer que dar dinheiro para uma pessoa adulta te custará caro.

Essa pessoa terá dificuldades com empregos. Anote o que estou te dizendo. Os meus filhos vendem, oficialmente, todas às sextas-feiras do ano, na escola.

Eles são engajados em negociar. Oficialmente eles vendem todas as sextas, mas, na real, eles vendem e negociam coisas todos os dias.

Não se preocupe, caso você esteja pensando que isso não é saudável para uma criança. Tive tais ensinamentos com os judeus, que repassam, de geração para geração, instruções sobre negócios, e te garanto que não há problema algum.

MESADA? NÃO PASSE NEM PERTO.
É PARA O BEM DO SEU FILHO.

Se meu filho de 12 anos me disser que deseja comprar um carro, eu obviamente responderei que ele não tem carteira de motorista e que, portanto, não poderá adquirir um automóvel. Ele então me propõe que, com os próprios investimentos, pagará um motorista e me pergunta se há alguma objeção. Não há.

Por meio deste tipo de pensamento, ele fará R$ 1 milhão antes dos 15 anos. É a cabeça dele que já compreendeu os propósitos e os mecanismos do dinheiro.

Você, então, pode estar se perguntando: mas você, Pablo, já trabalhou como atendente de call center, por que então mudou de pensamento?

Eu não trabalhei para os outros para receber salário, mas para adquirir habilidade. O salário era o prêmio por aprender. Quando eu parei de aprender, esse trabalho virou a maldição da minha vida. Eu parei de crescer.

O que você tem que aprender com isso? Pare de buscar por estabilidade, isso não existe. Um dia as coisas estão de um jeito, outro dia estão de outro. Por isso, você tem que governar nas suas rendas.

Vou trazer um exemplo aqui para você pensar. Um conhecido meu fez muito dinheiro no mercado de armas legalizadas nos últimos dois anos. Porém, com a mudança do governo e da legislação sobre o armamento, esse meu conhecido teria um grande impacto nos seus negócios.

Contudo, você sabe o que, de fato, aconteceu? Quando esse empreendedor começou a ganhar dinheiro no ramo das armas, ele investiu em outros negócios. Tornou-se sócio de uma agência de viagens, de uma construtora e de empresas de outros segmentos. Logo, esse desespero – que naturalmente recairia sobre uma pessoa nesta situação – não o abateu.

O que eu quero te mostrar com esse exemplo? Não existe estabilidade. E quando você empreende e começa a ganhar dinheiro, invista em outros negócios, de outros ramos. Esteja sempre disposto a aprender.

AGORA É COM VOCÊ!

Assim como neste caso que eu contei, se você é empreendedor de apenas um negócio, pense em três situações que poderiam abalar o seu mercado e te levar até a falência.

_____
_____
_____
_____
_____
_____
_____
_____
_____

Agora cite três nichos de mercado diferentes do seu nos quais você poderia investir e que têm pouca ou nenhuma relação com o seu negócio atual.

_____
_____
_____
_____

> *Abra uma fonte de renda na Internet, que é um dos meios mais fáceis de se fazer uma renda hoje.*

Renda digital

Para se tornar multirrenda, é preciso ter múltiplas habilidades. E nos dias atuais, é obrigatório entender de tecnologia e dominar novas técnicas.

Esse aprendizado faz parte da sua vontade de ter mais de uma habilidade, pois não existe multirrenda com apenas uma capacidade.

Contudo, para dar o pontapé inicial em todo esse planejamento de prosperidade e desencadear essas habilidades e rendas, é preciso de energia, pois é ela que move o mundo. Se não tiver energia, não tem como propor um único desafio.

E neste propósito de ter três rendas, sendo uma delas a digital, você pode me questionar, especialmente se não tem muita familiaridade com o que estou falando. Por isso, vou propor algumas sugestões do que você pode fazer para obter renda no mundo digital.

• APRENDA NEGÓCIOS LOCAIS

Essa atividade consiste em você fazer tráfego pago e customizado, de acordo com as estratégias daquele negócio. Ao fazer tráfego para pequenas empresas, você conquistará de R$ 10 a R$ 50 mil por mês.

• SOCIAL MEDIA

Para um profissional inexperiente, a renda para um social media gira em torno de R$ 10 mil. Está achando muito? Um profissional como este cria conteúdo para uma empresa e está faltando gente no mercado com essa habilidade.

Um médico, por exemplo, não tem tempo para cuidar do próprio Instagram, ele tem que atender os pacientes. A hora que ele vende em uma consulta não faz sentido ele parar para fazer conteúdos para a rede social.

Esse exemplo se aplica para diversos profissionais e estabelecimentos, seja um supermercado, um açougue, uma barbearia, enfim, a lista é praticamente infinita. A certeza é que todos precisam de um social media. Este social media fará este estabelecimento ou profissional ter mais clientes, e passará a ser mais valorizado por quem o está contratando.

• E-COMMERCE

Você escolhe um produto e vai testando, vai estourando o cano. Sabe o que eu sou na minha vida? Estourador de cano. Explico. Vamos supor que, entre dez canos, eu tenho que descobrir em qual está passando água. Eu, então, encosto a ponta do dedo, dou leves batidas com a unha e não quebro o cano. Até quem não é encanador sabe, por meio dessa simples ação, se por ali passa água ou não.

Esta metáfora serve para ilustrar o que eu quero lhe falar sobre testagem. Para que vou quebrar canos sem saber se vai sair água deles? Eu testo e, no momento que descubro qual é o cano certo, eu quebro.

Qual é o grande lance aqui? Nós estamos caçando canos que têm água. Tem gente que está batendo e vivendo em um cano seco, apenas com ar. Você tem que estar sempre caçando e testando o cano com água. Esse deve ser o seu alvo, se você deseja prosperar.

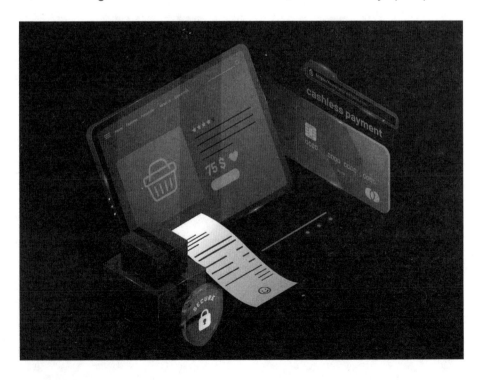

AGORA É COM VOCÊ!

Escreva abaixo quais empresas você conhece e que considera que as redes sociais delas estão fracas, que poderiam ser melhores. Provavelmente, você lembrará de muitas, mas cite, pelo menos, três.

_____
_____
_____
_____
_____
_____
_____

Seguindo no rumo da prosperidade no digital e no e-commerce, pense em, pelo menos, dois segmentos (produto ou serviço) que você poderia comercializar por meio do seu WhatsApp, Instagram, por um site ou por outra plataforma digital.

_____
_____
_____
_____
_____
_____
_____

Custo X Despesa

Neste tópico, quero abordar um tema que é um dos principais pesadelos de quem é trabalhador ou empreendedor: dívidas. E o que eu te oriento sobre este assunto é: não tenha medo. Isso porque, se você está pretendendo fazer uma dívida com o objetivo de alavancar o seu negócio, faça!

Agora, pegue todas as suas dívidas de consumo e jogue fora. Contudo, para que entenda melhor do que estou falando, vou detalhar abaixo a diferença entre custo e despesa. O que é despesa? Incinerador de dinheiro. O que é custo? Um investimento que voltará.

Não saber disso te faz um bobo no mundo financeiro. Vou trazer uma dinâmica rápida que faço quando lido com grana. Há 20 anos eu sempre faço estas perguntas para o dinheiro, quando ele me fala que quer ir ali passear:

– Vai voltar?
– Se sim, quando?
– Vai voltar grávido? Com quantos dinheirinhos?

Pode parecer ingênuo, mas eu posso te garantir que não sai dinheiro da minha conta, se ele não me responder "SIM" a essas três questões. Sendo assim, eu libero esse dinheiro, pois ele é de custo. Agora, se quando você pergunta se ele voltará e ele fala que não sabe, acabou a conversa, não sai, pois é despesa.

O dinheiro é seu escravo. Quem não entende do que estou falando se torna, automaticamente, escravo do dinheiro. Por isso, o brasileiro tem tanto problema com o dinheiro. Ele não sabe o que significa.

Se o dinheiro te respondeu que volta, e você fizer a segunda pergunta e ele disser que somente daqui a dez anos, não se preocupe.

Você já percebeu que o custo é um investimento, mas entenda que você deve investir dentro do seu ritmo. Caso contrário, você arrebentará o seu pé, suas veias e um monte de coisas dentro de você.

DINHEIRO É ENERGIA DE TROCA.
Portanto, eu só vou trocar, se fizer sentido.

Não faça nenhum compromisso que possa destruir você. A sua capacidade precisa ser alargada e não estourada. Lembre-se sempre disso.

Eu faço investimentos que só vou terminar de receber daqui a 180 meses, ou seja, daqui a 15 anos. Você acha ruim?

Agora imagine você faz uma turbina de dinheiro que te pagará uma atrás da outra pelos próximos 30 anos. De repente, você diz que quer parar de trabalhar. E daí?

Quando eu fizer o primeiro circuito fazendo uma renda passiva, me refiro neste caso à carteira de loteamento. Esse prazo é o fim do mundo? Não. Quando chegar próximo desse 15º ano, eu já terei mais muitos outros negócios como esse engatilhados.

Eu vou colocando milhões – obviamente que o começo foi com pouco dinheiro, ingressei em uma sociedade de loteamento com R$ 50 mil – e as pessoas me perguntam porque eu entrei em uma sociedade se vou ter apenas 1% do negócio?

A resposta é muito simples. Eu entrei para aprender. Eu era o mais pobre do loteamento que entrei em 2014, hoje o meu patrimônio é maior do que o de todas aquelas pessoas ricas juntas – muitas com mais formação.

Nós somos dez sócios, eu entrei com R$ 50 mil. E não ingressei nisso para ganhar dinheiro, mas para "comer com farinha" a instrução. Eu estudei muito, e o meu dinheiro era só para estar perto daqueles caras. Quando eu entrei, o grupo era formado por nove ricos e um pobre, que era eu. E aqui, com muita humildade, digo a você que o patrimônio de todos eles somado deve resultar em torno de 5% do meu patrimônio.

Eu não quero diminuir ninguém. O que aconteceu foi que eu entrei em um vórtex de exponencialidade. Não é sobre eu ser mais bonito ou falar melhor do que ninguém.

O lance é entrar para aprender! Desde pequeno, eu amo esse negócio. Um dia Deus parou na frente de Salomão e perguntou se ele queria alguma coisa, qualquer coisa, ou se ele gostaria de ter sabedoria.

Salomão então respondeu que queria a sabedoria. Deus lhe disse para que, além desta escolha, pedisse outra coisa, fora a sabedoria. Salomão, então, passou a poder ter tudo o que ele quisesse – tanto que ele foi o homem mais rico do mundo. Seu patrimônio girava em torno de trilhões de dólares há cerca de três mil anos.

Vou colocar essa frase aqui em uma letra maior e mais chamativa para ajudá-lo a fixar essa ideia na sua mente.

EU JÁ SOU UM EX-POBRE!

CRIE UMA MENTALIDADE PRÓSPERA

DESAPEGO
O desapego produz mudança de mentalidade. Você está sempre ressignificando e pronto para mudar.

NOVAS CONEXÕES
Mude de lugares: esses sempre terão pessoas novas que possibilitarão ideias novas e, consequentemente, ações novas e, assim, novos resultados. Troque as amizades, os drives: ande com pessoas que caminham na frequência que deseja andar.

INOVE AS ESTRATÉGIAS
Abandone o pensamento linear. O vento mudou? Troque a posição da vela. Faça dinheiro: em tudo há oportunidade!

TENHA UM VÍCIO
Sempre tenha um vício que lhe edifica, e não que destrua você. Estudar e ensinar são vícios construtivos.

Vórtex: movimento rápido e forte de um fluido em volta de eixo ou espiral. Redemoinho, turbilhão, voragem. Movimento forte e destruidor.

Eu amo a instrução

Eu conheço uma pessoa que se encontrou com um rei africano que lhe disse: "Pede-me o que você quiser, porque eu gostei da sua alma". O monarca enfatizou que poderia ser qualquer coisa.

As pessoas em volta falaram, então, para que este indivíduo aproveitasse, pois o rei não gostava de qualquer pessoa. Sabe o que foi pedido por este meu conhecido? Acesso ao rei, enquanto estivesse vivo. O rei então ficou embasbacado e muito satisfeito.

Lembre-se sempre de que se você tem o acesso, terá tudo. Uma coisa específica não determinará aonde você chegará. O que fará a diferença é a cabeça de acesso à sabedoria, o networking, as informações. Isso fará você chegar longe.

A frase que nomeia este capítulo é o pensamento que eu quero que você fixe na sua cabeça. Para reforçar, repita até em voz alta: eu amo a instrução.

Independentemente da área, do momento da sua vida, ou do que quer que seja, esteja sempre disposto e com fome de instruções, de conhecimento e de sabedoria.

E quando eu falo que os outros têm 5% do meu patrimônio, não significa que eu sou melhor do que eles, mas, sim, o que mais aprendeu, o que mais transbordou, o que mais exponencializou, o que mais quebrou a cara. Fui de longe o mais perseguido, o que era alvo de chacota, o que foi arrasado, de lá até aqui.

Quem é rico, mas não tem tanto dinheiro, fica facilmente ofendido. Já quem ficou rico e não para de crescer, você pode falar o que quiser para ele que não irá abalá-lo.

Só para você saber, não tenho raiva de ninguém, é todo mundo amigo. E pode ser que, alguns deles, depois de saberem o que estou falando neste livro, fiquem com raiva. E quer saber? É bom que fiquem mesmo, porque pararam de prosperar.

Quando você não prospera mais, qualquer história afeta a sua cabeça. Eu não paro de entrar em loteamento. O dia que eu parar, talvez eu já esteja com uns 300 loteamentos desses.

SEGREDOS PARA PROSPERAR

1 Empresa não quebra, quem quebra é quem governa. Eu nunca vi uma empresa quebrar, e sim já vi uma pessoa não estar preparada emocionalmente para geri-la. Em qualquer sinal de crise, quem governa precisa ser sábio para traçar novos planos e estratégias. Diminua os processos, reduza os custos, corte pessoas e deixe o negócio oxigenar.

2 SE TIVER DÍVIDA, RENEGOCIE.
Não brinque com isso! Encare de frente o problema e renegocie para saná-la.

3 Decisões são da alma, e não do cérebro.

 Seu cérebro não foi programado para você dar certo, e sim para não morrer. Então, ele faz de tudo para não gastar energia. Assim, não use o cérebro para prosperar, e sim o seu coração e o seu instinto.

 PNL é a Programação Neurolinguística. O que isso significa? Ensinar o seu cérebro a se comportar. Se você não programa seu cérebro, não ressignifica e não medita (mesmo que fique apenas em silêncio), você terá muitas dificuldades em prosperar.

 Você pode gastar 10 horas por dia com uma preocupação idiota, mas não dá conta de ressignificar seus pensamentos por dois minutos. Não é apenas pensar fora da caixa, e sim viver fora da caixa!

> Seja resistente para coisas que são necessárias. Seja flexível para coisas que você precisa aprender.

LIBERDADE É DESOBRIGAÇÃO

E aí, você pode estar se perguntando: mas por que eu quero tanto dinheiro? Já lhe respondo: para continuar transbordando, o dinheiro é da terra, ninguém leva para lugar nenhum.

Eu, Pablo, não quero ser o mais rico do cemitério, mas, em vida, quero ser o que mais desfruta. Eu não conheço alguém que desfruta mais da vida do que eu.

Não estou falando do que é postado nos stories. Estou falando da vida real. Do que se passa na cabeça, no coração e na vida como ela é. Afirmo isso, pois, nas redes sociais, há muita fantasia sobre vidas perfeitas. E eu posso te garantir que eu desfruto mais do que qualquer pessoa que você conheça.

Eu tirei essa vida para desfrutar!

Se você acompanha o meu conteúdo na internet e já conhece o meu trabalho de alguma maneira, pode estar se perguntando como que eu faço isso se você me vê trabalhando igual a um cavalo?

Posso garantir que o cavalo mais divertido que existe sou eu. Acordo no horário que quero, falo o que eu quero, paro também quando quero, ou seja, eu faço o que eu quero. Liberdade não é poder fazer tudo, é poder não fazer nada.

AGORA É COM VOCÊ!

O que você gostaria de parar de fazer ou de fazer no seu tempo? Liste aqui quais mudanças você fará no seu caminho de prosperidade.

Você sabia?

Vou revelar algo do meu passado que, possivelmente, muita gente desconhece. Eu era gago, tinha muita timidez, vergonha de falar e de escrever. E aqui estou, com dezenas de livros publicados. Se você está gostando desta leitura, indico um dos meus mais recentes trabalhos literários, o livro **Sangue, Suor, Lágrimas e Gordura**.

Desprograme-se!

Sempre estudei em escola pública. A minha mãe lavava roupas para fora, a fim de ajudar no sustento da casa, e meu pai era funcionário público. Não era para eu estar onde estou hoje.

Digo mais, nós não somos programados para chegar longe. Eu espero que você desprograme-se dessa vida miserável que leva e que não dependa mais de cilindro.

Para alcançar esse objetivo, pare de mentir e de colocar como alvo coisas que não conseguirá. Você precisa de ritmo, e não de fardo.

Por exemplo, conheço muita gente que é muito bem intencionada no começo do ano, e quando chega no final dele está em uma situação de m***. Ou seja, alguma coisa está errada com os alvos ou com o ritmo - ou com os dois.

Qual é a minha preocupação como cidadão? Se você não sabe, eu fui até candidato à presidência da República. Eu quero que este país prospere. Não me importo com a sua identificação partidária e/ou ideológica.

Você tem que gostar da sua vida. Seja você o presidente da sua vida. Não dependa de alguém para comer e não fique triste porque o seu candidato não venceu. O que você tem feito? Você votou em você? Levantou às 4h59? Faça o seguinte: se promova da mesma forma com o mesmo entusiasmo com o qual você gosta dos políticos.

Fui deputado federal, tomaram meu mandato, mas tudo bem. Eu sou um ser que não para de prosperar. Quem pode me parar? Arrumaram um problema, sabe por quê? Eu vou voltar mais violento. Vou estudar mais, procurar mais conhecimento e entendimento do sistema. Eu ainda sou jovem e tenho muita lenha para queimar.

E, a partir daí, eu quero que você entenda que não quero saber da sua preferência política, mas, sim, da sua política de prosperidade.

AGORA É COM VOCÊ!

Faça a sua política de prosperidade, aliás, como ela está? Como estão os ministérios da sua vida? Qual é a área da vida que você mais precisa de ajuda para planejar? Quem são as pessoas que ajudam a tocar a riqueza dentro da sua vida? Vamos lá, escreva abaixo qual é o plano de governo da sua vida. Separe os ministérios, analise a atual situação e faça planejamentos para cada um.

_____
_____
_____
_____
_____
_____
_____
_____
_____

Condição x Decisão

Depois de entender o conceito de custo e despesa, vamos entrar em outro embate, o que coloca frente a frente a condição – associada à pobreza e à decisão – que pertence ao universo da riqueza.

Pobreza não é status social, mas sim improdutividade. Quem chama de pobres as pessoas que têm menos acesso financeiro não sabe do que está falando.

Tem gente que é muito produtiva, mas é bloqueada. Não é o fato de uma pessoa ganhar R$ 2 mil que te dá o direito de chamá-la de pobre. É pobre quem é improdutivo. Quem tem este salário aceitou esta vida.

Talvez o governo, a lei e até a cultura favoreçam o fato de essa pessoa ser limitada. Pobre não é a pessoa que tem pouco dinheiro, mas sim a pessoa que não produz.

Atualmente, em média, no Brasil, existem 60 milhões de pessoas que não têm um real de renda. E estão excluídos da estatística de desempregados porque ganham algum tipo de bolsa.

Outro ingrediente desta cruel receita. As pessoas não têm bons empregos porque não têm qualificação e skill (habilidades).

Tenha como alvo para os próximos meses aprender essas novas habilidades. Para começar, indicarei uma que é crucial: aprenda a vender.

Por mais que você trabalhe em um escritório ou em qualquer outro lugar, lembre-se: não existe negócio da terra em que não há venda. Na minha casa só não estão à venda minha esposa e meus filhos. A única coisa que não se pode vender são as pessoas.

Se alguém me perguntar agora quanto custa o prédio em que eu trabalho, respondo com prontidão: R$ 55 milhões. É curioso e até emocionante lembrar que, em 2017, uma das minhas metas era alugar um espaço para trabalhar por R$ 2 mil.

Acredite, ninguém explode do nada, mas as decisões precisam ser tomadas do nada. Quando eu fui para Alphaville, área nobre da região metropolitana de São Paulo, eu deixei de pagar R$ 2 mil de aluguel para pagar R$ 30 mil.

"Eu vou quebrar, tenho certeza!" – era isso que se passava na minha cabeça. Contudo, prosperei muito com as decisões e conexões que fiz.

O prédio em que eu trabalho hoje vale R$ 55 milhões, é meu, não tenho sócios nele. É meu, da minha família, da minha holding familiar. E se alguém quiser pagar, eu vendo. Estou te falando isso porque eu não tenho apego com imóvel, carro e com nada. Há quem olhe para mim e fale: "Amei essa sua McLaren", eu não a amo. Eu não amo coisas, eu as desfruto.

Não se importe com coisas, faça elas trabalharem para você. Sabe por que eu não tenho apego na minha Cadillac Escalade avaliada em mais de R$ 2 milhões? Porque eu paguei metade disso. Eu mesmo importei.

Tudo está à venda. O apego é quando você vive acumulando prejuízo. Acúmulo de prejuízo e falta de estratégia financeira faz com que você fique apegado e amando coisas.

Eu gastei R$ 11 milhões na reforma da minha casa – não estou falando isso para parecer soberbo, sei de onde eu vim. E, certa vez, recebi um interessado em ficar com a minha casa. Logo, eu disse que era só fazer oferta e, caso eu aceitasse, que a casa seria dele. Minha esposa, em choque, me falou: "Mas, Pablo, acabamos de reformar". "A vida é feita de desapego", foi o que eu respondi. Na vida você só carrega seus filhos e cônjuge. Nada mais.

Não se apegue à sua cidade, isso pode estar atrapalhando a sua prosperidade. Pare de se apegar à sua empresa – o que não dá lucro precisa fechar. Tem gente que não entende o que eu falo: tem empresa que precisa fechar!

PEGA ESTE CÓDIGO: liberdade é igual a desobrigação. Quando você pode parar de fazer o que você quiser, tem a riqueza na sua mão.

Desistir x Parar

Essa é uma lição que também precisa ficar muito clara na sua cabeça. Desistir é uma coisa e parar é outra. Vou ilustrar essas diferenças com exemplos do futebol.

O Adriano Imperador, por exemplo, desistiu da carreira. O sobrepeso e o estilo de vida dele o levaram a tal ponto. Já o Pelé, no auge da carreira, resolveu parar. Por isso, virou rei.

Portanto, parar é bem diferente de desistir. Para entender isso, é preciso de gestão. Você é bom em algo? Pare. Eu amo falar, mas, quando estiver no meu auge, vou parar. Aliás, já te adianto aqui que vou me aposentar em 2027 de tudo o que é profissional.

Caso eu vire presidente da República ou algo do gênero – que considero um chamado –, eu sigo. No entanto, em qualquer outra coisa de negócio, eu paro. Dia 18/04/2027 é o dia da minha aposentadoria.

Aos 39 anos, vou entregar os pontos e entrar nos 40 em outro ritmo. Eu tenho esse planejamento, estipulei essa data há quase dez anos. Eu já terei feito a minha parte, faça a sua.

No entanto, por que estipular uma data específica? Trata-se de algo que chamo como superdata. Se você não estipula o dia, você não leva a sério o seu objetivo. Eu levo a minha tão a sério que sei que valerá a pena.

Tem gente que me diz que não posso parar. Posso parar em tudo o que eu domino. Não posso desistir. Isso é para os fracos. Você nunca vai me ver desistindo. Nunca desisti de nada.

*A soberba precede a destruição,
e a altivez do espírito precede a queda.*
Provérbios 16:18

Parar é quando se está no auge. E entender isso faz muito sentido. Os melhores atletas de todos os tempos de qualquer esporte param no auge.

Anote este código de provérbios: o ápice precede a queda.

Quando você bate em um pico da vida, você vai entrar em queda. O que você juntou até esse pico?

Viva de renda passiva até o resto da sua vida. Você tem a esperança de viver de INSS? Anote o que eu penso sobre:

ISSO

NUNCA

SERÁ

SUFICIENTE

É fundamental aprender e compreender esse tipo de pensamento para planejar com assertividade e prosperar de verdade, com liberdade e autonomia, sem depender de governo, de patrão ou de quem quer que seja.

O único responsável pelo seu sucesso ou fracasso, pelo seu presente e futuro deve ser você.

POR QUE O SEU PROJETO ESTÁ EMBAIXO DO TAPETE

Você já viu que saber vender é uma habilidade que deve ser prioridade na sua lista de objetivos. Não importa o que você venderá. Se você é um bom vendedor, capitalizará qualquer negócio.

Um livro, por exemplo, pode ter a capa mais linda, a melhor qualidade de papel. Vai vender? Não. O que vende é e-commerce, fazer live divulgando e por aí vai.

Se você tem vergonha de vender, é como se gastasse horas e horas da sua vida, escrevesse o melhor livro do mundo e o colocasse embaixo do tapete. É como se você enterrasse uma excelente fonte de renda, que ATÉ poderia mudar a sua vida.

Se você der um celular com internet na minha mão, pode me tomar o meu prédio, demitir 200 funcionários, levar todos os meus equipamentos, mas eu faço milhões.

Por quê? Eu virei multiskill, e é dessa fonte que você precisa se embebedar. Ter várias habilidades é vital.

Para você ter uma ideia, das funções que podem ser feitas no digital, acredito que criar animação é a única ou uma das poucas coisas que eu não sei e nunca fiz. Agora gerar tráfego, e-commerce, social media, entre outras habilidades, eu domino todas.

Você precisa dominar! Perceba quantas coisas que você pode fazer por meio de um aparelho celular, você não faz e simplesmente deixa tudo isso debaixo do tapete?

Não adianta apenas ler este livro. Cadê a habilidade nova? Cadê seus novos hábitos? Cadê o seu novo mentor? Qual é o tema do seu projeto/ano? Quais são os nomes dos seus meses?

AGORA É COM VOCÊ!

Depois desse puxão de orelha – é para o seu bem,
não me entenda mal –, quero saber qual é o seu plano.
Pode ser o que você jogou para baixo do tapete
ou o que você está começando a criar.

AGORA É COM VOCÊ!

Agora, quero saber quais são os nomes dos seus meses.
Não pensou sobre isso? Esta é a hora.
Escreva o nome de cada mês para você conseguir levar seus projetos adiante com a seriedade necessária.

Comunicação não é o que você fala

Vamos à segunda habilidade necessária para a prosperidade. Comunicação! Pois somente com ela você conseguirá se destravar.

Até um sinaleiro (semáforo) é capaz de comunicar, sendo que nem boca tem. Todo mundo o entende no mundo inteiro. E, aqui, me refiro a uma comunicação clara, não excepcionalmente perfeita ou rebuscada.

> PEGA ESTE CÓDIGO: a comunicação não consiste no que eu estou falando, mas, sim, no que a pessoa está entendendo. Ela está no retorno e não na ida.

Eu falo a mesma coisa para dez públicos diferentes, o segredo não está em mim, mas na transferência de retorno, no que a pessoa entendeu.

"Fui mal compreendido". Pare de dizer essa frase, isso não existe. O que aconteceu é que você não compreendeu o público com o qual você está falando.

Se você usa a expressão: "Você me entendeu mal", saiba que você é um péssimo comunicador. Antes de eu passar a minha mensagem, eu preciso conversar para entender o nível cognitivo daquela pessoa.

Eu que sou o mensageiro não tenho que ter uma mensagem só, tenho que saber adaptar a minha mensagem para que todos os públicos entendam. Esse é o maior código que eu conheço sobre comunicação.

Quer melhorar a sua habilidade de se comunicar? Faça lives, palestras e converse com as pessoas na rua. Troque ideia.

Networking

A terceira habilidade que você deve ter é networking. Nunca esqueço do dia que dei uma aula sobre o tema para uma turma de Jataí, em Goiás, e uma pessoa, encantada com o assunto, me perguntou como eu fazia para baixar aquele aplicativo.

Eu falei para ele que o networking é um aplicativo que você instala dentro da sua cabeça. Você conhece pessoas, e essas começam a falar sobre você. Então, você escolhe cinco pessoas para chamar de caminho e, assim, conviverá com elas. Encontre as pontes para que as pessoas conectem você a outro ecossistema. Localize as rampas, para que, quando você estiver nelas, o mundo inteiro te observe. Conecte-se com as plataformas que são os donos dos ecossistemas.

Para ficar mais fácil o entendimento sobre as pessoas do networking:

Conhecidos

Aqui uma máxima: mais vale ser conhecido do que conhecer muita gente. Pode ser que você conheça pessoas que falam mal de mim. Eu gostaria de saber o endereço de cada uma para assinar a carteira e pagar um salário para essa pessoa continuar fazendo isso todos os dias.

Só para você entender, eu fico muito animado com isso. Se as pessoas estão falando, é porque você está prosperando. Ninguém fala de quem não prospera.

Se você não conhece ninguém que já ouviu falar de mim, estou falhando na minha potência de carregar a minha mensagem. Se você conhece quem fala mal, é porque essa pessoa não conseguiu minha atenção e não consegue acessar a prosperidade que eu prego. Já quem conhece e fala bem é porque foi transformada.

Não tenha medo que falem mal de você. O único ser do qual eu espero que vai falar sempre coisas boas de mim é Deus, um ser supremo. Na Terra, a única pessoa que eu quero que pense coisas boas a meu respeito é a minha esposa.

Se você não é conhecido, a culpa é sua. Se não falam mal de você, é porque não é ousado e nem próspero, e se falam bem não é porque você é bonzinho, mas porque transformou a vida dessas pessoas.

Caminho

Escolha cinco pessoas para andar com você, elas são o seu caminho. Geralmente, você não aguenta mais do que cinco. E normalmente são pessoas um nível acima do seu.

Se você andar com pessoas ombro a ombro e elas começarem a cair, você terá um problema.

Anote este código: preciso ser sempre o pior da mesa, porque, em mesas nas quais você é o melhor, você não aprende mais. Você tem que sentar sempre em mesas nas quais sinta vontade de fazer perguntas.

Seja sempre o mais bobo da roda de amigos, pois significa que você está em crescimento constante.

Pontes

Existem pessoas que fazem as pontes de maneira profissional, que ganham dinheiro com networking. Tem gente que recebe para te levar a lugares.

Se você trabalha com moda e for na Faria Lima, em São Paulo, por exemplo, para fazer networking, é mais fácil alguém te apresentar do qual você começar nisso sozinho, afinal, você é de outro ramo. Elas podem fazer isso gratuitamente ou não.

Essas pessoas funcionam como pontes para ligar você a mercados diferentes do que você está hoje. Por que temos dificuldade com isso e nos encontramos em bolhas mercadológicas? Somos levados a isso desde a escola com a famosa pergunta: "O que você vai ser quando crescer?".

Se você perguntar isso para qualquer um dos meus quatro filhos, eles responderão a mesma coisa: que querem ser o mesmo que são hoje, imagem e semelhança do criador. Está bem, mas e a profissão? "No que eu precisar aprender, eu vou investir energia nisso".

Eu estou ensinando aos meus filhos o mesmo que eu proponho nas escolas da minha rede. Se você quiser fazer faculdade, faça, mas, se ouvir o que estou falando, você construirá faculdades.

Você não passará a vida inteira querendo ser engenheiro, mas, sim, o empreiteiro, o dono da construtora. Você não estudará para ser médico, mas para ser o dono do hospital.

Para ser dono de uma empresa de engenharia precisa ser engenheiro? Não. Para ser proprietário de um hospital precisa ser médico? Não.

Nenhuma faculdade ensina a ser dono de empresa. O curso de Administração ensina o aluno a ser, no máximo, gerente ou diretor de uma.

Rampas

Todo mundo que passa por mim prospera. Como? Se eu falar o nome de uma pessoa em uma palestra, ela pode pegar o vídeo e usar como divulgação. E eu não me importo em ser usado.

Às vezes uma foto, com a qual essa pessoa saiba contar a história sobre essa imagem, ela me usa como rampa. Você precisa achar as rampas.

Nesse ponto, tenho uma dica. Quando você acha a rampa, você precisa ter aerodinâmica e motor, porque senão você somente subirá e descerá.

Conheço muita gente que subiu com a minha rampa e caiu em seguida. Você tem que vir com velocidade, aerodinâmica e propulsão para continuar voando.

Se eu marcar você, que está lendo este livro, no Instagram, e o seu perfil não for interessante, você não ganhará seguidores.

Você precisa crescer para ganhar velocidade e bater em rampas para voar. Eu fiz isso e voei na vida.

Plataformas

Trata-se de donos de ecossistema. Eu, Pablo, sou um dono de ecossistema: tenho múltiplos negócios, um satélite, e todos os donos de negócios são amigos.

Todos eles são plataformas. São eles: o Thiago Nigro, Flávio Augusto, João Kepler, Junguiô Diniz e o Shirleysson Kaysser.

Eles e eu fazemos parte da mesma confraria. A gente se reúne todos os meses. Somos muito amigos. Por que é desse jeito? Quando você chega nesse patamar, o seu networking é com essas pessoas.

Essas pessoas são as que eu lia e assistia da mesma forma que você consome os meus conteúdos. Eu fui modelando esses caras.

> Ser empreendedor não é ter paz; ser empreendedor é ter problemas novos.

> Sua vida é um percurso. Não existe destino para quem está vivo; destino é para quem morreu.

FAÇA PERGUNTAS

Primeiramente, para planejar seu semestre ou o seu ano, entenda que o Brasil é um país que vive em crise. Se você produz, continue para reinar em tempos de crise.

Tem gente que se programa para começar algo, depois que terminar determinada crise. Eu alerto que, quando terminar essa, já terão mais duas sendo instauradas. O Brasil nunca viveu sem crise, embora eu seja novo, tenho 36 anos de idade, nunca experimentei um dia neste país sem ele estar mergulhado em alguma crise.

Depois que você entendeu isso, vamos falar sobre outra skill fundamental para quem quer prosperar. Sim, estamos falando de saber fazer perguntas. Quem tem essa skill está fadado a explodir na vida.

Se você não leu o meu livro "A Arte de Negociar", sugiro que leia, pois nele abordo com mais detalhamento a habilidade de fazer perguntas.

AGORA É COM VOCÊ!

Se você trabalha com vendas, ou melhor, independentemente da sua área de atuação, quais são as informações dos seus clientes que fazem diferença para o seu negócio? É saber se eles têm grana e já viajaram para o exterior? Se eles vão sempre para fora do Brasil? Se eles têm filhos? O que você precisa saber sobre os seus clientes?

Liste aqui cinco perguntas que você deve fazer aos seus clientes para extrair essas informações, mas sem ser muito direto e talvez assustá-los.

_____
_____
_____
_____
_____
_____
_____
_____
_____
_____
_____
_____
_____
_____

O alvo certo

O maior erro de planejamento para se conseguir algo é colocar essa conquista como alvo. Portanto, vou desmistificar o principal motivo pelo qual você não consegue o resultado: porque o seu alvo é o resultado, e o alvo não é o fim, mas sim o que te leva lá, ou seja, o que te faz obter esse resultado.

Trocar de carro ou de casa não pode ser o seu alvo. Esses são alvos de cabeças que pensam pequeno. Depois que comecei a prosperar, nunca mais tive casa, carro ou dinheiro como alvo. Inclusive, na minha empresa, há oito anos, não tocamos na palavra meta, a não ser no campo do ensino.

Quem é exponencial não vive de meta. Meta é piso, não é teto.

Tem gente que fica o mês inteiro pulando para tentar bater a cabeça no teto. Veja, quem entende de exponencialidade não se prende a um teto. Quem é exponencial, nem teto tem. Se você é exponencial, tem que passar a meta para o piso.

Vou dizer algo aqui que talvez você se surpreenda. Eu nunca tive como alvo a casa ou os carros que tenho hoje.

O próximo helicóptero que eu vou comprar nem sei qual será. Eu estudo sobre, faço networking no ramo e piloto helicóptero. Portanto, quando aparecer uma oportunidade, investirei o meu capital.

Eu nunca quis comprar uma McLaren, vou confessar a você que, inclusive acho esse carro feio. Contudo, é uma McLaren de R$ 3 milhões. Por que então ela está na minha garagem? Eu tinha uma Ferrari 458, apareceu a oportunidade de comprar essa McLaren, e eu fiz R$1 milhão de lucro na venda da Ferrari. O que eu quero dizer neste capítulo? Eu não fico planejando o que vou comprar, e você não deve gastar energia nisso.

Estabeleça como alvo aprender a falar, a perguntar. Essa é a verdadeira meta para você explodir na vida. O alvo do escravo é pensar na casa tal, no modelo "x" de carro e em coisas desse gênero. Eu também fazia isso, mas te aconselho, ou melhor, te peço: saia desse lugar.

Ter esse tipo de coisa como alvo o tornará infeliz e, no final do ano, dificilmente você terá conseguido, porque você focou em coisas e não em habilidades.

Coisas não o fazem governar, habilidades sim. O que o torna assustador quando você chega em um lugar? Não é o relógio que você tem no pulso, mas a palavra firme que você tem como pessoa. É a presença de comando.

Tem gente que pode ter dois Rolex, um em cada braço, mas, quando abre a boca, é um imbecil. Ou seja, o alvo não é colocar um Rolex no braço, é dominar o tempo. E para isso, nem é preciso estar com relógio no pulso. Você precisa ser pulso firme.

> Sua condição não muda seu futuro, mas sim a sua decisão e o seu alvo.

> Construa um planejamento inteligente para gerar mais rendas. Faça o dinheiro trabalhar por você!

Esqueça metas materiais

Morar em uma casa de R$ 30 milhões nunca foi o meu objetivo. Muitas pessoas me consideram uma pessoa fora da curva. No entanto, te digo uma coisa: eu comecei pior que você.

Pode falar o que quiser de mim, mas você começou melhor do que eu. Quando você estava brincando, eu já estava olhando carros na rua. Quando você estava beijando na boca, eu estava estudando. Quando você estava indo para festas, eu estava com um balde de água fria nos pés para me ajudar a ficar mais tempo acordado estudando. Na adolescência, quando você estava assistindo "Dragon Ball Z", eu estava vendendo coisas. Eu perdi "Dragon Ball Z", "Malhação", as festas que você foi... eu perdi tudo isso. Este é o problema, você quer me acusar pelo que eu tenho hoje, mas gastou o melhor tempo que você tinha com nada.

Eu estava investindo. Tive um pai muito agressivo. Ele me pedia o caderno e, se faltasse alguma tarefa, tomava a minha bicicleta. Pedia-me os provérbios transcritos em um caderno. Não fiz, logo, os meus patins que foram para a rua. Ele jogava fora, sem dó e nem piedade.

Eu pensava então que, se eu não fizesse as coisas, eu não teria mais nada na vida, porque ele se desfazia de tudo. Ele me dizia que essas coisas só existiam para quem crescia. Eu sentia muita raiva do meu pai. No entanto, como eu agradeço essa dureza dele. Meu pai me falava que eu podia ser menino, quão jovem fosse, mas primeiro teria que trabalhar pesado, depois arrebentaria.

E esse é o problema de muitos. Querem ser medianos a vida inteira. Não tem como construir essa quantidade de alvos. Como faz para ir para uma ponta, se ainda não tem a outra?

Como você construirá grandes negócios, se não tem networking? Como você terá coragem de largar o seu salário, se não ouvir ou ler um libertário maluco como esse que vos escreve? Se você não ouvir um libertário que tem resultado, você não se liberta. Fica dando rodeios a vida toda.

Por favor, não coloque nada físico como alvo, mas metafísicos, emocionais. Coisas materiais são escravas das imateriais.

O corpo é escravo da alma, e esta é escrava do espírito. Pare de focar em coisas, porque você acabará se reduzindo a isso. Entenda, não é sobre o carro que você comprará, mas sobre a energia que você gerará para comprar o que quiser.

META NÃO EXISTE

Quer ter uma mentalidade exponencial?
Não use metas, e sim propósitos.

Tudo depende do seu repertório e de suas conexões para gerar resultados.

Poucos são os que batem metas, o que faz gerar uma atmosfera de insatisfação.

Tenha um alvo e dobre a energia. Liste seus alvos!

Inteligência emocional

Se você não gosta de vender, de jeito nenhum, e não deseja aprender a negociar, sinto lhe dizer, mas você também não conseguirá comprar.

Se você não vende, não gera caixa para comprar o que quer. Você quer comprar e ter liberdade para tal? Então, ame e seja livre para vender. Para ajudá-lo em tudo isso, seja nas vendas ou nas metas estipuladas, vamos falar sobre outra habilidade importantíssima: inteligência emocional.

Assim como outras skills que você deve desenvolver, a inteligência emocional é metafísica. Você não pode vê-la e nem tocá-la, mas pode senti-la no seu sistema mental.

É isso que você precisa para conquistar o que deseja.

O que é inteligência emocional?

A inteligência emocional tem cinco componentes: autoconhecimento, autogoverno, ativação, empatia e networking. Conheça cada um deles:

Autoconhecimento
Para ajudar nesse processo, conte com a ajuda especializada de um coach ou de um terapeuta.

Autogoverno
Uma forma de exercitar o autogoverno é fazer ensaios mentais de situações que você gostaria de mudar.

Ativação
Valorizar os seus pontos fortes, buscar conhecimento especializado em várias áreas e saber delegar ajudarão na ativação.

Empatia
Cuidado com a falsidade, seja você mesmo e tente aos poucos encontrar formas de se sentir confortável e de acolher o outro.

Networking
Também conhecidas como soft skills, essas capacidades são os recursos que uma pessoa tem para interagir com os que estão à sua volta.

Você é autodidata e não sabe

Vou falar de mais uma habilidade que, quando a descobri, mudou a minha vida. Todos nós somos autodidatas!

Explico melhor. Você entra na escola e, desde então, lhe ensinam coisas que você não quer e nem precisa. Um exemplo, você se lembra do que é e já usou alguma vez a fórmula de Bháskara?

Essa é uma das diversas coisas ensinadas no colégio e que não servem para nada. Não é ignorância. Os engenheiros usam a tal fórmula? Sim, então esse é o tipo de conteúdo que só faz sentido ser ensinado caso a pessoa decida estudar para se especializar em determinado campo.

Por que ensinar nas escolas do Brasil inteiro algo como isso? Posso estar transparecendo ignorância, mas pense comigo. Imagine quantos milhões de reais são gastos ensinando uma coisa que as pessoas não usarão e nem lembrarão. Você já pensou nisso?

Nós gastamos R$ 140 bilhões em educação por ano e, no final do último período letivo, apenas 4% das pessoas estão aptas para o nível que o mercado de trabalho exige. Esse valor equivale a R$ 1,4 trilhões em 10 anos e R$ 3 trilhões em 20 anos.

A escola tinha que ensinar habilidades. Por que parece impressionante e inovador o que eu estou dizendo? Era para ser desde sempre assim. Portanto, anote outra habilidade que você deve desenvolver: ser autodidata, escolher os próprios assuntos e desenvolver skill de aprendizado.

VOCÊ É AUTODIDATA!

Branding é diferente de marketing

Esta é outra habilidade que você precisa desenvolver e ter como meta no caminho da prosperidade: o *branding*.

Quando eu estudei isso, meus negócios mudaram, meu comportamento mudou, minha vida se alterou por completo.

Primeiramente, vamos esclarecer uma coisa. *Marketing* é algo que você faz para vender, ou seja, você oferece um produto, um serviço ou um acesso. Já no *branding*, o produto não aparece, você atrai as pessoas. Pegou o código?

Branding é atração, e *marketing* é oferta. Lembre-se sempre disso. Quando você compreender e criar uma habilidade interna de construir uma marca, você estará fazendo *branding*.

O jeito que o seu rosto fica, a roupa que você veste, o carro que você anda, as coisas que você fala, tudo – absolutamente tudo o que você faz – é parte da composição do seu *branding*.

Se no seu inconsciente você está mostrando quem você é, esqueça, você está fazendo tudo errado. Agora, se você faz essas escolhas de modo consciente, você direciona a percepção das pessoas ao seu respeito.

Se você estivesse hoje nos Estados Unidos, o seu carro importaria para algum norte-americano? De maneira nenhuma, diferentemente do Brasil. Se você é um médico cirurgião e chega na porta da sua clínica em um Uno Mille 93, quem vai pagar R$ 20 mil para fazer uma cirurgia com você? Só quem achar que aquele carro era do porteiro, pois, se a pessoa descobrir que é do médico, ela não terá respeito por este profissional.

Você é nutricionista e pesa 150 kg, quem quer se tratar com você? Não estou falando que você não pode ser gordo. Estou falando de branding, ou melhor, anti *branding*. Você não pode ensinar saúde por meio do alimento e não fazer isso na sua vida.

Vale a pena você fazer dívidas para comprar um carro se for para fazer *branding*. Se for apenas para fazer graça, não vale a pena, será uma dívida de otário.

Outro exemplo: você trabalha em um consultório, mas ninguém o vê. Neste caso não muda nada, você pode ir de Uber. É para branding? Faça. Aí que está o grande jogo. Se você aprende essas habilidades, você aprende a jogar. Quando você internaliza essas habilidades, as coisas começam a fluir.

AGORA É COM VOCÊ!

Descreva o que é branding e marketing para você e como pode aplicar essas duas estratégias no seu negócio.

_____
_____
_____
_____
_____
_____
_____
_____
_____
_____

PARE DE SONHAR

Vou deixar uma dica aqui, mas não para assustá-lo e nem desmotivá-lo. Anote este código: **Você precisa parar de sonhar!**

Calma, não estou falando de desistir. Vamos lá: sonhar é bom, é legítimo e é de Deus.

Em segundo lugar, sonhe apenas enquanto estiver dormindo, quando estiver acordado você tem que "fazer".

Tem um monte de gente doida que sonha com os olhos abertos, até repetindo palavras de ordem, tais como: "Eu quero, eu posso, eu sou capaz". Veja bem, não adianta repetir frases assim para conseguir algo.

Falar coisas assim está fora da moda emocional? Você não precisa ser positivo, precisa ser realizador.

Sonho é um estado letárgico. Quando você está sonhando, você está dormindo. Na hora que você acordar, deixe o sonho onde ele ficou e parta para a realização de suas habilidades.

O sonho não vai vir até você. Você tem que ir até ele. José do Egito sonhou com algo e teve que se deslocar até o Egito. Ele era de Israel e o apelido era Egito, era o sonho dele, que Deus havia colocado nele. Por que ele não se chamava José de Israel, e sim do Egito? Porque era lá que o seu sonho viria a se concretizar. Ele teve que ir até lá.

Você está sonhando 400 vezes com a mesma coisa. Acorde!

Se você sonhou duas vezes com a mesma coisa, é porque não deu nenhum passo até ela. O sonho é uma imagem, uma visão. Você acha que é certo ter a mesma visão 20 vezes? Isso acontece porque não saiu do lugar. Uma fotografia é o suficiente.

Repetir o sonho é como se uma impressora imprimisse centenas de fotos exatamente iguais. Inútil, certo?

Você precisa parar de sonhar e realizar!

A HISTÓRIA DE JOSÉ DO EGITO

José foi o décimo primeiro filho de Jacó, e o primeiro com sua esposa que mais amava, Raquel. O capítulo 30 do livro de Gênesis descreve toda a disputa entre Raquel e Lia, as duas esposas de Jacó. Raquel era estéril, e sofria por não poder dar filhos de seu ventre a Jacó. Porém, o texto bíblico diz que Deus lembrou-se de Raquel e a tornou fértil.

Na vida adulta, José enfrentou dificuldades e inveja dentro de sua própria casa. Ele ainda foi vendido como escravo, injustiçado, foi parar na prisão, ficou lá por dois anos e só depois foi honrado por Deus. O sonho quer dizer acorde!

Os tipos de sonho

Agora que eu já te dei um choque de realidade e te situei no mundo do sonho, quero explicar os dois tipos de sonhos que existem: o descontinuado e o realizado.

O sonho, quando é de Deus, é impossível. Por isso, você precisa da ajuda Dele para crescer, pois na sua capacidade este sonho é inviável. Ou melhor, vou trocar o tempo para não influenciar o seu pensamento. O sonho de Deus é inviável, ou seja, nós precisamos inviabilizar o percurso. Não há impossível para quem crê.

O seu sonho sempre deve ser menor do que a sua cabeça, se não, não cabe dentro dela. Tem sonho que é seu e tem sonho que é de Deus, e o que Ele coloca dentro de ti é maior do que você.

Em relação ao sonho de Deus, ele crava no seu coração, e o que você se pega dormindo está dentro da sua cabeça. O sonho que está na cabeça é autorizado pelo córtex visual, o que significa que o sonho é determinado pelo tamanho de crença e de cabeça que você carrega.

Quando você entende isso, não se importará em gastar energia com isso. Vou fazer uma breve cronologia de sonhos e de realizações – que já tive ou que não deram certo.

- O primeiro carro que sonhei em comprar foi um Fusca, não consegui;
- O segundo foi um Gol de modelo mais quadrado, também não comprei;
- O terceiro era um Ômega, também não consegui comprar;
- Depois uma Frontier, não comprei, estava tudo no sonho;
- Jetta, comprei. Emociona-me lembrar, pois este bem foi a única coisa que comprei financiada na minha vida, era o meu sonho;
- Do Jetta adiante, todos os carros que tive não foram sonhados por mim, e o que eu sonhei não comprei, como um Camaro, que deixei passar;

- A partir daí, começaram a aparecer oportunidades de negócio, e se do Jetta para trás todos os carros me fizeram perder dinheiro, dali em diante foi diferente;
- Já comprei oito Land Rovers, BMWs top, Ferraris, McLarens e Porsches de diversos modelos.

Sonhos descontinuados

Aqui, quero falar sobre um sonho descontinuado. Quando estava em um dos meus carros mais novos, me lembrei do sonho descontinuado. Trata-se de um sonho que não tem mais validade, pois você cresceu mais do que a cabeça que você tinha na época em que sonhou com aquilo.

Você ainda me verá em uma Ferrari de mais de R$ 8 milhões, e vou confessar: ela não está nos meus sonhos. Por falar na marca italiana, outro dia, um amigo me ligou, porque tinha uma Ferrari em um leilão por R$ 1 milhão. Eu comprei na hora, pois ela valia o dobro, e o lucro que fiz ali foi alto.

Depois do Jetta, só fiz riqueza com carros.

O sonho, na sua cabeça, deve ser menor do que a capacidade de tamanho dela. O descontinuado é quando você o atropela e começa a virar uma máquina de resultados. Quando você aprende isso, ninguém te segura mais.

Eu não quero mais comprar um Camaro, um Ômega ou uma casa de R$ 1 milhão como a que eu sonhava no Grand Ville, em Goiânia. Atualmente, nada disso faz sentido para mim.

Depois que você crescer, foque nas coisas certas. Para de sonhar. Use essa lógica, pois assim você prosperará.

Sonhos realizados

O sonho aqui tem muita relação com o ambiente no qual você está inserido. Se você for em uma periferia e perguntar para as crianças sobre o futuro, qual delas quer ser analista de sistema? Qual te responderá que quer ser engenheiro mecatrônico?

As crianças da periferia – falo isso com propriedade, pois também vim de lá – falam que querem ser jogadores de futebol e policiais. De onde eu vim, incluímos ainda a profissão de caminhoneiro.

Tem, inclusive, criança que responde que quer ser catadora de lixo. E não tem problema nenhum. No entanto, o que acontece nesses casos é que o ambiente determina o sonho da pessoa.

Por isso, tenha cuidado, pois ressalto: o ambiente determina os sonhos.

Cuidado ao me ler, pois você sonhou em ter uma Ferrari, porém se desenvolverá tanto e aprimorará suas habilidades, que, depois, esse carro deixará de ser um sonho para se tornar um negócio.

Ambiência determina a crença, que, por sua vez, determina os fatos. Não se planeje sem saber dessas coisas. Não faz sentido.

> Anote outro código:
> o sonho é para ser
> sonhado apenas uma vez.

A sabedoria é o que há de mais poderoso

Se eu lhe fizer hoje a mesma pergunta que Deus fez a Salomão, você gostaria de ganhar alguma coisa, podendo ser a mais poderosa da Terra, ou preferiria ter sabedoria?

Se Salomão, aos oito anos de idade, escolheu sabedoria, por que você faria diferente? Sabedoria é a coisa mais poderosa que eu conheço do céu para baixo.

Sem ela você não prospera, não tem riqueza, não chega a lugar nenhum. Por isso, escolha-a sempre.

Deus deu a sabedoria para Salomão, e você deve fazer o mesmo que ele: treinar a sabedoria que Deus lhe deu. Esse deve ser o seu alvo.

Essa sabedoria não é um pacote pronto, é como se fosse um cimento, você tem que trabalhá-la.

Por falar nisso, vou trazer mais um fato. Eu tinha uma fábrica de cimento e sempre comprava bloquetes. Certa vez em que tive que calçar algumas propriedades, decidi não comprar mais. Só em uma propriedade investi cerca de sete milhões de blocos. Fui, então, comprando cimento cada vez mais barato e aprendendo o jogo desse tipo de negócio. Quando eu terminei de fazer os calçamentos, decidi que não queria mais ter aquela fábrica.

Em um certo dia, quando passei pelo local, recebi a notícia de que os recursos haviam sido calculados erroneamente – e isso é uma das coisas que mais repudio na vida. Eu vi algo em torno de 150 sacos de cimentos parados. Na hora, eu mandei devolver, pois cimento endurece se não for usado. No final, depois de algum estresse, consegui redirecionar este material, me desfiz da fábrica e deu tudo certo.

O que eu quero trazer aqui? Deus te dá a sabedoria, como se ela fosse um saco de cimento. Se você não usá-la, endurecerá. Seu coração endurece se a sabedoria não for usada. Tem gente que abre o saco e joga no vento. E dependendo de como é esse vento, a pessoa não encontra nunca mais nenhum milímetro de pó deste cimento. A sabedoria vai embora. No entanto, quem entende para que serve o saco de cimento, mistura com areia, água e brita, e faz esse cimento beijar um tijolo, cria uma história de amor, levanta uma parede e, logo, sabe o que acontece? Prospera.

Se você não une o cimento à areia, água e brita, e não busca ferragens e madeira para erguer uma edificação, você desperdiçou cimento.

Se você zerar o meu patrimônio, as minhas empresas estão avaliadas em R$ 2 bilhões; eu garanto que conquisto até mais, sabe por quê? Pelo meu maior patrimônio: a sabedoria. Caso você proponha retirar meus bens, dinheiro, empresas, tudo, mas ainda me deixar com a minha sabedoria, e até com uma dívida bilionária, eu topo. Quem tem sabedoria tem tudo.

Eu não consigo viver sem as sabedorias vertical e horizontal que adquiri. Sem as habilidades que desenvolvi. Eu sei que sou uma máquina de resultados. Você pode me atribuir a maior dívida da Terra que eu aceito.

Agora, por exemplo, se você me der R$ 2 bilhões, mas retirar a minha sabedoria, sabe o que acontecerá? Tudo acabará, pois a sabedoria é fundamental.

Já tomei muito prejuízo, já me ferrei bastante, mas eu não me importo, não processo ninguém. Por que vou atrás disso se estou prosperando? Eu sei quem é a sabedoria em pessoa. Portanto, não me curvarei a essas besteiras.

A sabedoria é a coisa principal; adquire pois a sabedoria emprega tudo o que possuis na aquisição de entendimento.
Provérbios 4:7

AGORA É COM VOCÊ!

O que é sabedoria para você?
Analise em quais aspectos da sua vida
ela deve ser aperfeiçoada.

Entendimento é sincronia

O que lhe falta é entendimento. Mas você sabe o que é isso? O que é entender? É sincronizar a sua crença com a realidade.

Se eu lhe perguntar quem é você? Por favor, não me diga que você é enfermeira, professor ou qualquer outra coisa do gênero. Você é imagem e semelhança do Criador, ou seja, sincronizado com a realidade.

Para se referir a você, não use códigos ou outras terminologias, como a sua sexualidade, para entender quem você é. Apegue-se à natureza de quem você é, pois ela nunca muda. Eu o respeito, mas você está errado.

Quando eu perdoei pessoas, eu comprei sabedoria. Quando eu deixei de ir a festas, eu estava comprando sabedoria. Eu fiz minhas escolhas fazendo aquisição disso. Contudo, atenção, este sou eu, Pablo.

Agora, quero falar contigo sobre você. Quando você fará esta aquisição? Quero que você entenda, ou seja, que sincronize-se.

Quando eu estudo inglês, o que estou fazendo com o meu cérebro? Sincronizando a realidade da língua, apenas isso. Pego os códigos mínimos, a conversação e sincronizo. Isso é entendimento.

Eu estou me dedicando a pilotar avião. Na verdade, eu já domino a atividade, mas todo dia quero aprender algo novo sobre a aeronave. Então, eu chego no instrutor e falo para ele desligar um botão, por exemplo. Ele me responde que não pode, pois caso o acione, o avião cai.

O que eu quero te mostrar com isso? Que não basta a teoria, eu quero aprender na prática. Ou seja, ele me falou que não poderia apertar o botão, quando eu perguntei e estava ali, diante do painel.

Tem um teste que se faz em helicópteros que é chocante. Você pega o cíclico, que é alavanca que você movimenta para frente, para trás e para os lados, e trava. Com isso, o helicóptero começa a se inclinar para algum lado. Quando isso acontece, automaticamente, os passageiros inclinam a sua cabeça para o lado oposto. E em um momento como esse, você terá noção de ar, de estabilidade e de outros elementos.

Não há estabilidade em um voo. É preciso estar sempre regulando. Isso é sabedoria.

Se você encontrar alguém que esteja vendendo uma sabedoria que você ainda não tem? Compre. Não quer comprar? Então, destrave, teste, quebre a cara e faça também.

Se você comprar, é mais rápido. Se você constrói pode demorar anos. Você pode pensar que é caro comprar, mas eu lhe pergunto: "Não é mais caro levar 20 anos para aprender a mesma coisa?".

Portanto, adquira sabedoria e entendimento. Insira essas aquisições entre os seus alvos.

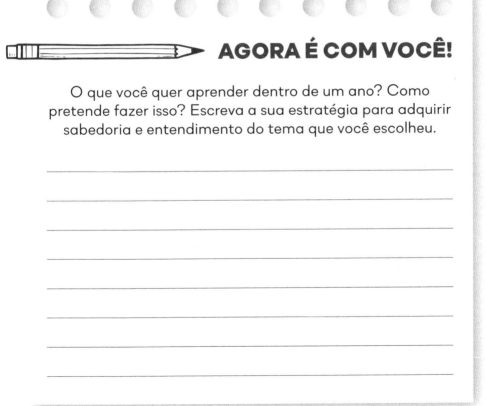

AGORA É COM VOCÊ!

O que você quer aprender dentro de um ano? Como pretende fazer isso? Escreva a sua estratégia para adquirir sabedoria e entendimento do tema que você escolheu.

_____

_____

_____

_____

_____

_____

_____

Invista em você

Eu, Pablo, já investi mais de R$ 2 milhões em mentoria para mim, ou seja, investi em conhecimento. A Brasil Telecom deve ter gastado mais de R$ 1 milhão comigo em treinamentos corporativos.

Além disso, posso te garantir que a igreja que frequentei por 20 anos investiu muito em mim. Eu ainda paguei R$ 33.500,00 para me formar em Direito. Em suma, peguei sabedoria de várias fontes.

E mesmo que eu estivesse ganhando para isso, eu estava comprando sabedoria, porque estava trocando meu tempo nisso. Por isso, repito: mire em governar e não em coisas.

Compre instrução! Como assim? Se você quer dominar nas empresas, compre instrução empresarial. Se a intenção é ter domínio na vida sentimental, compre essa instrução o mais rápido possível para não perder o seu cônjuge. Se ainda não é casado, acelere a aquisição desta instrução para não ver indo embora a pessoa com quem você quer se unir.

Se você quer instrução digital, compre-a de quem tem resultado. Quer mudar a sua mente? Compre instrução de quem é cabuloso mentalmente falando.

Sua intenção é mudar a sua vida espiritual? Só orar não funciona. As pessoas com quem eu me conectei e que tinham uma força espiritual foram muito mais potentes do que qualquer outra pessoa ou coisa ligadas à religião.

A experiência que eu tive com gente que tinha acesso à Fonte foi maior do que os meus 24 anos de religião. Porque eu vi realmente funcionando, entendi, não fiquei ouvindo crença.

Adquira sabedoria, se necessário, venda o que você tem para comprar entendimento. Porque, quando você entende, ninguém passa você para trás.

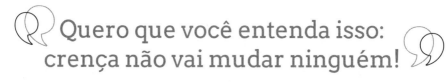

Quero que você entenda isso: crença não vai mudar ninguém!

O jogo da vida

Eu quero te ensinar a jogar o jogo da vida. Para isso, peço que você entre na linha do entendimento e da sabedoria. Caia para dentro do jogo da vida, pois, com toda humildade, vou te ensinar a jogar.

Falo isso, pois muitas pessoas estão na arquibancada assistindo a própria vida. Contudo, não faz sentido, cada pessoa tem que estar jogando o seu próprio jogo.

Digo mais, tem que jogar e evoluir dentro do jogo. Tem gente que é tabuleiro, tem os que são pecinhas, tem quem seja juiz e aqueles que patrocinam... Eu sou o dono do jogo! Nos meus jogos, eu aprendi a jogar.

Você quer aprender de fato? Então, fixe na sua mente: eu quero ser dono do jogo. Não consegue? Você escolhe ficar ao lado de quem não é capaz ou do meu lado? Temos que aprender a escolher.

A vida é feita de escolhas. Ou você vive de condição, que é o seu passado, ou de decisão, trazendo o seu futuro para o agora. Ou você prospera ou a sua vida piora.

Se você não conhece, eu criei um programa de mentoria chamado Jogo da Vida, baseado no projeto da minha vida, no qual eu me dedico durante as 52 semanas do ano. Ofereço mentorias que te ajudarão a atropelar seus sonhos e, no lugar de mirar em coisas, você terá a energia, a ambiência, o networking, a modelagem e o aprendizado como seus alvos.

Você se tornará uma máquina de resultados. Vai parar de sonhar com coisas, vai desejar e mandar pagar.

Eu já comprei um Porsche 911 sem ir na loja buscar, pedi para um amigo meu que ficou incrédulo. "Como eu não iria pessoalmente, não faria sequer um test drive?". Não era necessário. Eu sabia o que era o carro, tinha o dinheiro para pagar e só precisava que alguém fosse buscá-lo. Isso é desejo, não sonho.

Sonho X Desejo

Aqui, quero que você entenda que sonho é uma coisa, desejo é outra. Você deseja algo, vai lá e paga. Pronto.

Quem crescer demais terá isso na vida. E eu vou treiná-lo para que você chegue nesse ponto.

As pessoas que sonham, arrumam simplesmente um trabalho. Contudo, as que instalam o que é necessário não ficam empolgadas fazendo test drive. Eu já fiz demais, isso é bobeira.

O que você necessita é crescer tanto que não precisará nem sonhar, é só desejar e pagar. Se você focar nas coisas erradas, não crescerá.

Sabe por que eu tenho uma mentoria que se chama *O Pior Ano da Sua Vida*? Eu frequentava a igreja, e todo ano tinha um folheto que dizia: "O próximo ano será o melhor da sua vida", e pedia para que as pessoas listassem os seus objetivos. Nunca funcionou!

Eu criei esse programa em 2008, após uma crise que tive com um grupo de executivos na *Brasil Telecom*. Eu disse que iria modelar, estudar e me dedicar a cada um deles durante um ano da minha vida. Sabe o que aconteceu?

Por um ano inteiro, eu não arredei o pé daquela empresa. Houve vezes em que eu fiquei quatro dias seguidos praticamente sem dormir para bater o resultado. Foi um período horrível.

No entanto, no ano seguinte, me tornei o executivo mais novo a ter 200 mil funcionários. Por um ano, eu decidi que viraria um monstro, que adquiriria sabedoria e entendimento. O que aconteceu? A minha vida explodiu!

Fiz isso pela segunda vez, me tornei o maior treinador de desenvolvimento do país. Repeti o feito pela terceira vez e me tornei o número um em marketing digital.

Mesmo que alguém tente me segurar, eu vou além do meu limite e faço acontecer. Ninguém me segura.

TEORIA X PRÁTICA

Eu já criei, testei e posso te afirmar: a teoria não te ajudará, você precisa de prática.

Fiz um MBA em gestão empresarial, perdi dois anos da minha vida. Pois os professores eram despreparados, ensinavam coisas que nunca tinham vivido.

Teoria é o saber, a prática é experimentar. Domínio é só depois da constância.

Eu vim da escola pública, os professores sempre falaram mal da riqueza. Eu, Pablo, sou uma falha do sistema, pois não faz sentido ter me tornado rico quando fui treinado para ser pobre e para ter raiva de quem é rico.

Cansei de ter raiva dos outros. Em vez de falar mal de um rico, o que você está fazendo por você? Troque a exclamação por uma interrogação. Questione os seus hábitos e a sua vida, não os das outras pessoas.

Humildemente, quero te ensinar. Sou uma máquina de resultados, de transbordo. O que queima no meu coração é levantar pessoas. Quero e vou ensiná-lo.

Você quer aprender? Então se joga.

EXTRA!
Vou te contar um segredo

Desculpe o trocadilho, mas vou te contar um segredo: segredos não existem! Muitas pessoas me perguntam se a constância é o segredo. Não é. Primeiramente porque se fosse segredo, você não estaria sabendo. Em segundo lugar, porque não existe segredo. O que existe é a realidade, é só fazer.

O que existe é gente desinformada. Nunca vi segredo em lugar nenhum. Não existe segredo no céu e nem na Bíblia, é só você que não lê.

Não existe segredo no seu cérebro, é só você que não estuda.

Anota este código: segredo é igual ignorância. Por que se você usar o networking, o que lhe parece segredo, você descobrirá do mesmo jeito. O que você está procurando está em alguém.

 PENSAMENTO QUE VOCÊ
DEVE LEVAR PARA A VIDA:
Você só encurta o tempo quando morre.
O que você deve fazer é acelerar o resultado.
Se você entrar em um acelerador
de tempo, irá apenas envelhecer.

Faça por você

No início do ano de 2023, eu tinha me comprometido a me tornar fera no tênis. O que eu fiz? Contratei um professor que foi um dos melhores na modalidade e me programei para dedicar 300 horas do meu ano nesse aprendizado.

Além disso, no meu planejamento para me tornar um bom jogador de tênis, coloquei no meu networking cinco atletas de alto nível da modalidade para poder jogar com eles – que obviamente dificultaram o meu jogo –, mas elevaram o meu nível.

Só para ficar claro: estou investindo 300 horas para treinar sozinho e também com instrutor, coloquei meu networking em jogo e vou ensinar. Quem me acompanhar, até o final do ano, perceberá a minha evolução.

Vou fazer tudo isso, entrar em campeonatos e provavelmente tomar um sacode. E será ótimo, sabe por quê? Porque é isso que faz aprender.

Quando eu decidi que iria virar piloto de corrida, fui atrás do treinador do Ayrton Senna, o Nuno Cobra. O instrutor tinha 82 anos e tinha todos os códigos do tricampeão mundial, paguei para ser instruído por ele. Além disso, fui atrás do Vitor Genz, um dos melhores pilotos do Brasil, para ser o meu coach. E do Pietro Rimbano, campeão da Stock Car, que também foi meu coach.

Ou seja, só para a corrida, eu contratei três experts no assunto. Essa escolha me trouxe mais resultado, mais consistência e mais pujança para mim.

Essas pessoas me ensinaram, em um ano, coisas que eu, sozinho, levaria pelo menos dez anos para descobrir. Por isso, lhe digo: escolha sempre o melhor. Eu entendo a escassez, já passei por isso, mas quero que você compreenda a importância da instrução.

Para tudo o que eu vou fazer na vida, eu tenho um personal, um mentor. E oriento você a sempre procurar um hack para qualquer coisa que for fazer na sua vida. O que você estiver afim, procure rapidamente quem domina.

Outro dia, eu estava com 70 horas de voo, pousei em cima de um prédio. Sabe quando eu imaginava que um dia eu conseguiria fazer isso? Nunca! Mas de tantos destraves, milimétricos que sejam, e de uma cabeça boa que tenho, deu tudo certo.

Eu gosto sempre de ir primeiro na coisa mais difícil, é o meu jeito. Tem gente que prefere ir nas mais fáceis. Então, nós vamos fazer do nosso jeito, vamos nos ajustando, eu, Pablo, e você, leitor, de modo que não seja colocado um fardo na sua cabeça.

AGORA É COM VOCÊ!

Eu quero saber o que você deseja aprender no próximo semestre? No que você investirá horas da sua vida? Em qual atividade ou habilidade você se dedicará? Quais são as estratégias para você se tornar bom no que fará?

_____
_____
_____
_____
_____
_____
_____
_____
_____
_____
_____

Conte as suas horas

Quando o assunto é planejamento, uma das primeiras coisas na qual você deve pensar é que, em um ano, você tem 8760 horas. Portanto, não planeje um grande volume de coisas ou algo muito intenso que demandará 10 ou 15 mil horas, ok!?

Agora, vamos a outro cálculo que pode gerar certo desconforto, mas que é necessário para que você entenda o panorama da sua vida. Do total de horas do ano dividido por três, resulta-se em 2.920 horas. O que significa esse cálculo? Um terço do seu dia você gasta dormindo.

O outro terço do seu tempo você passa trabalhando e, do que lhe sobra, boa parte vai para a sua locomoção. Perceba quantas horas do seu ano estão disponíveis para que você aprenda algo novo, desfrute e faça outras atividades.

Portanto, quero que você seja analítico. Do que sobra, de fato, é algo em torno de duas horas por dia. Essa é a geração que não tem tempo para prosperar.

> Anote este código: quem trabalha demais não tem tempo para prosperar!

Quem trabalha demais tem taxa de ocupação cerebral alta com coisas que não dão retorno. Não vai prosperar. Às vezes, vale mais você ficar três meses sem emprego e atrasar suas contas, mas chegar em um determinado momento e dar um basta.

AGORA É COM VOCÊ!

Faça um cálculo das suas horas semanais e mensais. Detalhe que horas você costuma acordar, o tempo que você dorme, quanto você gasta em locomoção e em todas as atividades do seu dia. A partir daí, faça uma autoavaliação de como está a sua vida e de como você poderá melhorá-la.

Pílulas de conhecimento

Qual *soft skill* você deve aprimorar para melhorar a conexão com o público ao fazer uma palestra e ler a energia das pessoas?

Se você não sabe, *soft skill* é uma habilidade mais suave, mais comportamental. Ler rostos de pessoas é mais fácil do que ler livros.

Pensa em uma criança pequena, que ainda não sabe ler. Ela precisa ser alfabetizada. E é isso o que você necessita, ser alfabetizado na leitura facial, na leitura corporal. Para ajudá-lo nesta tarefa, recomendo o livro "O Corpo Fala – A linguagem silenciosa da comunicação não verbal", de Pierre Weil e Roland Tompakow (Editora Vozes).

Contudo, não é só saber, é praticar. Você terá que testar, quebrará a cara, mas faz parte do processo. É uma longa caminhada, pode ser que, em determinado momento, você tenha dúvidas (inclusive sobre a sua mente), mas é normal.

Anota este código: uma dica para quem quer ler gente é gostar de gente. Porque, caso contrário, não conseguirá fazer essa leitura.

Existem 12 perfis de pessoas e, quando você começar a entender os formatos, verá que, quando você conhecer alguém ou parar para ler essa pessoa, reconhecerá o perfil dela e, a partir daí, a leitura ficará mais simples de se fazer.

Os programas que eu dou são práticos?

Sim. Se você tem curiosidade sobre como funciona, eu explico. Eu apareço apenas uma vez por semana de maneira virtual, a fim de apresentar a teoria. O restante da carga horária é prática. É a teoria apontando para a prática.

Cá entre nós, para fazer os meus programas, não tem restrição de idade. Se você estiver com 120 anos, ainda dá tempo. E se você estiver com 17, já até passou da hora de começar. Nunca é tarde para começar e sempre é cedo para desistir.

Como faz para trabalhar comigo?

As pessoas que trabalham comigo já foram meus alunos ou mentorados. São talentos que eu mesmo treinei. Se por acaso alguém foi contratado, em alguma das minhas empresas, de fora das minhas turmas, pode ter certeza que foi algo pontual e que, se ainda não é, será aluno meu.

Posso afirmar que os colaboradores que já são da casa estão em torno de 99% do quadro de funcionários das minhas empresas.

Eu contrato pessoas que participaram dos meus *reality shows* e já me tornei sócio de quem participa dos meus programas. Portanto, é algo bastante natural para mim.

Como você pode melhorar o seu desempenho?

As mudanças na vida devem ser sempre gradativas. Quando você olha para o seu dia, por exemplo, e percebe que está dedicando 80% do seu tempo para algo que não vem trazendo os resultados esperados, observe novas possibilidades e, aos poucos, vá migrando a sua energia para outras áreas.

Eu sempre sugiro a todos que vêm até mim que não saiam do 8 para o 80 de uma vez, porque se não o estresse vem.

Apenas migre, faça o transbordo de energia. Não precisa ser radical. Quem quer sê-lo termina com radicalidade. Dedique-se de maneira balanceada aos microrresultados, daí você começa a investir e a ver resultados.

O que compensa é a sabedoria, é entender a instrução para, então, tocar o seu projeto de forma paulatina.

TAMO JUNTO ATÉ DEPOIS DO FIM!

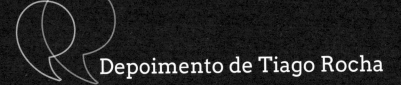

Depoimento de Tiago Rocha

Em agosto de 2020, quando me tornei aluno de um dos programas de mentoria do Pablo, comecei a entender que lá você aprende toda a teoria, lá você é convidado à prática, mas a constância é você quem faz.

E, agora, eu me lembro da virada de chave que aconteceu na minha vida em 2021, quando eu entrei no *O Pior Ano da Sua Vida* pela primeira vez – já estou na terceira.

Se o seu medo de entrar em um programa como este é dinheiro, saiba que pagando apenas a primeira parcela e se dedicando à proposta, você prospera e o curso se pagará sozinho.

Uma dica que eu te dou é assistir aos vídeos do Pablo nos quais ele dá dicas de como você pode fazer mais dinheiro. Inclusive um dos cursos foca exatamente nisso, chama-se *"Quase 100 maneiras de levantar dinheiro rápido"*. Logo de cara você faz R$ 300.

Não deixe de fazer uma aula ou uma mentoria por causa de dinheiro, saiba que esta pode ser a sua cortina de fumaça.

Quem é Tiago Rocha?

O aluno está como CEO da Marçal Digital do Pablo Marçal, empresa com os maiores lançamentos do país.

De uma família de comerciantes, é empreendedor desde muito jovem. Mentor e conselheiro de grandes executivos, das maiores e mais conceituadas marcas nacionais.

Na sua jornada, fundou a Imersão Reset Day, mentoria Zaion. É autor do livro "Manual Secreto do P.A.I."

@tiagorochabr

Conclusão

Qualquer planejamento que você fizer em sua vida deve ter a finalidade de crescimento. Acredite, todo o plano deve ser maior do que a capacidade de realizá-lo. Isso porque, se for algo que você já sabe fazer e que está dentro do volume da sua rotina, o plano não mudará em nada a sua vida. No entanto, se você planeja uma ação de impacto e crescimento, por menor que seja, será um planejamento próspero.

Existem dois tipos de vício: aquele que lhe fará prosperar e aquele que tomará o seu tempo, o seu dinheiro e a taxa de ocupação do seu cérebro. O que está aplicando em sua rotina hoje? Existem vícios bons que levam à prosperidade. Transbordar e fazer network são exemplos de vícios bons, aqueles que lhe fazem crescer progressivamente.

Vejo muitas pessoas chateadas e frustradas porque querem que o negócio próprio, o seu projeto, dê certo rápido. O problema é que, quando os resultados começam a aparecer, ela quer desligar os comandos por achar que já conseguiu chegar onde queria. Não chegou. É preciso transformar tudo isso em hábito. Afinal, estabilidade não existe. É preciso estar em constante movimento. Um dia as coisas estão de um jeito, outro dia estão de outro. Por isso, você tem que governar nas suas rendas.

Ser pobre é ser improdutivo. Como você começa o seu dia, por exemplo? Na lista de meus hábitos essenciais, faço o que chamo de boot cerebral: higienizo o meu coração, leio a palavra e me conecto apenas com aquilo que faz sentido para eu cumprir o meu propósito.

Lembre-se: não é possível viver apenas com um tipo de renda. Existem as rendas ativa, passiva e digital. Para desfrutar de cada uma delas, é preciso ativar suas capacidades cognitiva, analítica, energética, de relacionamento, de gestão, entre outros. Estabeleça para si o aumento da sua capacidade e multiplique seu skill (suas habilidades)! O que lhe libertará é ter, no mínimo, três rendas. Por isso, construa um planejamento inteligente para gerar mais rendas e faça o dinheiro trabalhar por você.

Cuidado em ficar atrelado apenas ao salário. Acredite, a estabilidade não existe. Muitas pessoas ficam em um emprego por pensarem na tal estabilidade, porém não estão aprendendo e nem crescendo o quanto poderiam. Muitas vezes, não descobriram nem o real propósito da vida. Caso isso esteja acontecendo com você, acredite, novas rotas precisam ser traçadas para evoluir

O que te faz chegar longe é ter sabedoria para multiplicar. Para tanto, é fundamental colocar em prática os cinco componentes da inteligência emocional: autoconhecimento; autogoverno; ativação; empatia; e networking.

Para alcançar esse objetivo, pare de mentir e de colocar como alvo coisas que não conseguirá cumprir. Você precisa de ritmo, e não de fardo.

Só existe um único responsável pelo seu sucesso ou fracasso: você mesmo!

OS CÓDIGOS DA PROSPERIDADE

1. NÃO SE VITIMIZE
Ame problema! Não fique nele, resolva rápido!

2. CUIDE DA SUA VIDA!
Não fale da vida dos outros em hipótese alguma, por mais interessante que seja. Não gaste energia com isso e, para completar, não reclame de nada e nem aceite ficar próximo de pessoas que reclamem.

3. MUDE A SI MESMO
Não queira mudar os outros. Você somente tem a chance de mudar uma única pessoa, que é você mesmo. Você só tem o poder de mudar a si mesmo.

4. GERENCIE SUAS EMOÇÕES
Você só consegue mudar a si mesmo se ativar um gatilho emocional.

5. ACORDE CEDO
Acorde cedo e desfrute de uma energia limpa, quando grande parte ainda dorme e não há reclamação de nada. A energia da manhã é maravilhosa!

6. ALIMENTE-SE BEM E EXERCITE-SE!
Beba água! Vá correr ou, então, caminhe todos os dias! Isso fará seu pensamento explodir! Alimente-se bem! Não coma um prato de emoção!

7. CUIDE DO FINANCEIRO
Sempre cheque o dinheiro que entra e o que sai.

8. SEJA PRODUTIVO
Produzir é fazer aquilo que é projetado. E isso inclui tirar um dia de desfrute. Ser produtivo não é puxar uma carroça com sete toneladas de pedra! Fazer network e ler é ser produtivo, por exemplo.

9. FAÇA PERGUNTAS
Quem afirma sempre é vítima. Questione!

10. ENVOLVA-SE COM O QUE DÁ ROI
Roi significa, em português, retorno em investimento.

11. TRANSBORDE APRENDIZADO
Nunca comece pelo dinheiro, e sim pelo aprendizado. Quem aprende não depende!

12. AUTOCONHECIMENTO
Na lista de coisas ruins de uma pessoa normal, só tem outras pessoas e situações. Na lista de coisas ruins de uma pessoa próspera, somente tem emoções que ela precisa aperfeiçoar. Na sua lista de repulsas, evite colocar pessoas. Coloque você mesmo!

BLOQUEIOS

O nosso cérebro gosta de economia. Em todo desconforto, o cérebro gasta energia e, portanto, bloqueia ações.

1

(2) Existem os traumas emocionais – que possuem um impacto complexo dentro de você – e os eventos emocionais – que são mais simples de serem resolvidos. Todos precisam ser desbloqueados para você conseguir prosperar. Observe o efeito, mas descubra a causa do bloqueio.

DESBLOQUEIE-SE

BÔNUS

Derrote os inimigos
da prosperidade

Na busca pela prosperidade e pelo sucesso, muitas vezes encontramos obstáculos e adversidades que parecem atrapalhar nosso caminho. No entanto, ao refletirmos sobre o papel dos inimigos em nossas vidas, podemos descobrir que eles desempenham um papel fundamental em nosso crescimento e progresso.

A ideia de ter um inimigo pode ser desconfortável, mas é importante entender que, em certos contextos, eles podem desempenhar um papel positivo. Ao analisarmos a analogia da guerra, percebemos que conhecer o inimigo é essencial para alcançar a vitória. É apenas através do conhecimento de quem está contra nós que podemos desenvolver estratégias, alianças e entender como superar as adversidades.

Dentro desse contexto, surge a expressão "o inimigo do meu inimigo é meu amigo". Embora seja uma máxima válida em situações de guerra, devemos adaptá-la e aplicá-la de maneira mais ampla em nossas vidas. Em vez de enxergarmos nossos inimigos como meras fontes de conflito e problemas, podemos aprender a lidar com eles de maneira construtiva e, assim, transformá-los em aliados em potencial.

Procrastinação

No caminho em busca da prosperidade, é comum nos depararmos com a procrastinaçã: um inimigo silencioso que pode minar nossa energia, foco e progresso. Ela age como uma ladra da alma, roubando nossa motivação e nos impedindo de alcançar todo o nosso potencial. Neste texto, exploraremos a procrastinação como o primeiro inimigo da prosperidade, entendendo suas causas e como podemos superá-la.

A procrastinação pode ser comparada a uma pessoa indesejada que entra em nossa casa e, para piorar, até dorme na nossa cama. Ela nos distrai, fazendo com que deixemos de fazer o que é realmente importante para alcançarmos nossos objetivos. O desejo de realizar múltiplas tarefas simultaneamente acaba nos dispersando, e a sensação de não concluir nada nos leva à frustração.

Para acabar com a procrastinação, é necessário ter clareza sobre o significado de nossas metas e objetivos. Compreender o propósito por trás de cada ação nos ajuda a estabelecer prioridades e a direcionar nosso foco para o que realmente importa. Criar uma analogia entre a procrastinação e um mendigo que pede comida pode ser útil nesse processo. Assim como um mendigo indesejado em nossa casa, a procrastinação precisa ser tratada e afastada para que possamos avançar rumo à prosperidade.

Para lidar com a procrastinação, é importante estabelecer uma âncora, algo que nos mantenha firmes em um determinado local. Essa âncora pode ser criada por meio de uma analogia que nos ajude a visualizar as consequências negativas da procrastinação e os benefícios de agir de forma proativa. Imagine-se ancorado em um porto seguro, onde a procrastinação não tem espaço para entrar. Essa imagem mental pode fortalecer sua motivação e ajudar a combater o hábito de procrastinar.

Assim como qualquer inimigo, a procrastinação também possui tratamento. É necessário reconhecer que esse hábito prejudicial pode ser superado e buscar ferramentas e estratégias para lidar com ele. Existem diversas abordagens eficazes para combater a procrastinação, como a criação de um planejamento estruturado, a definição de prazos realistas, a prática do gerenciamento do tempo e o cultivo de disciplina e automotivação.

Preguiça

Além da procrastinação, outro inimigo que pode prejudicar nosso caminho em direção à prosperidade é a preguiça. Ela pode ser entendida como uma forma química de inércia, na qual a gravidade parece nos puxar para baixo, nos mantendo presos em um estado de repouso constante. Neste texto, exploraremos a relação entre a preguiça e a busca pela prosperidade, discutindo formas de superar esse inimigo e avançar em direção aos nossos objetivos.

A preguiça nos envolve como uma força gravitacional, nos levando a deitar e descansar por longos períodos. Porém, a cada momento que nos entregamos a esse repouso contínuo, surge uma dificuldade em sair da inércia. Não se trata de morrer de preguiça, mas sim de encontrar a motivação necessária para romper com essa constância.

Para superá-la, é necessário encontrar um motivo forte o suficiente para nos levantarmos e agirmos. Identificar um propósito claro e significativo pode nos dar a energia necessária para sair do estado de repouso e enfrentar os desafios que nos levam à prosperidade. Essa motivação pode ser alimentada por metas pessoais, objetivos profissionais ou sonhos que desejamos alcançar.

Outra estratégia eficaz para combater a preguiça é mudar de ambiente. O local onde estamos pode influenciar diretamente nossa disposição e energia. Ao trocarmos de ambiente, seja saindo para um espaço externo, indo para um local mais estimulante ou mudando a disposição do ambiente atual, podemos romper com a inércia e despertar nossa energia interior.

Para dar um impulso inicial e sair da cama ou do repouso, podemos utilizar técnicas simples, como jogar os travesseiros e a colcha no chão. Essa ação física pode nos ajudar a romper com a tentação de permanecer no estado de repouso, criando uma pequena interrupção na inércia e estimulando nosso movimento.

Escassez

A escassez é uma realidade que pode atrapalhar a busca pela prosperidade quando transmitida de forma errada. Neste ponto, exploraremos a escassez como um inimigo que pode dificultar nossa jornada em direção à prosperidade, discutindo formas de tratamento e superação desse obstáculo.

A escassez pode ser comparada a um buraco na caixa d'água, onde nossos recursos e oportunidades se perdem. Ela cria uma sensação de falta e limitação, impedindo-nos de alcançar nosso máximo potencial. A escassez pode tomar conta de nossos pensamentos e nos levar a acreditar que não há recursos suficientes para todos, gerando uma mentalidade de competição e escassez.

Para tratar a escassez e superá-la, é necessário higienizar nosso cérebro e fortalecer nossa mentalidade. Isso envolve reconhecer que a escassez é apenas uma percepção e que temos a capacidade de criar abundância em nossas vidas. Devemos entender que a prosperidade pode incomodar, mas que isso não deve ser motivo para desistir ou nos afastar dela.

Uma abordagem eficaz para combater a escassez é adotar a disponibilidade de recursos como método para vencer essa mentalidade limitante. Devemos espalhar o dinheiro em nosso ambiente, colocando-o em gavetas, mesas e outros locais visíveis. É importante entender que a disponibilidade de recursos vai além do crédito, envolvendo o entendimento de como utilizar o dinheiro de forma consciente e abundante.

Ao compreendermos a verdadeira natureza do dinheiro, podemos desenvolver um desapego saudável em relação a ele. O dinheiro não deve ser o foco principal, mas sim um suporte para alcançar nossos objetivos e viver de forma plena. Devemos manter o dinheiro sob nossos pés, no sentido de que o controlamos e não permitimos que ele nos controle.

Uma armadilha comum relacionada à escassez é quando as pessoas, ao começarem a prosperar, permitem que o dinheiro suba à cabeça, alterando sua perspectiva e levando a comportamentos imprudentes. É essencial manter uma visão equilibrada e entender que o dinheiro deve estar presente em todas as áreas de nossas vidas, de forma saudável e controlada.

A superação da escassez é um processo gradual, que requer dedicação e perseverança. É importante reconhecer as pequenas vitórias ao longo do caminho, conquistando cada degrau da escada rumo à prosperidade. Ao desenvolver uma mentalidade de abundância, vencemos a escassez camada por camada, construindo um alicerce sólido para alcançar nossos objetivos financeiros e pessoais.

Vitimização

No percurso em direção à prosperidade, muitas vezes nos deparamos com um inimigo silencioso que nos impede de avançar: a vitimização. A vitimização é uma mentalidade que nos mantém presos em um ciclo de reclamação, falta de responsabilidade e desculpas. Neste capítulo, exploraremos a vitimização como um obstáculo para a prosperidade, discutindo maneiras de romper essas correntes e abraçar uma mentalidade de poder pessoal.

A vitimização é como uma âncora que nos puxa para baixo, limitando nosso potencial e nos deixando presos em um estado de lamentação constante. Ela se manifesta através do "mimimi", em que encontramos desculpas e nos colocamos no papel de vítimas em todas as situações. No entanto, é crucial entender que temos o poder de escolher entre o "hahaha", que representa o riso e a ação no presente, ou o "mimimi", que reflete uma postura melindrosa e limitante.

Uma das principais características da vitimização é a tendência a criar doenças psicossomáticas, em que nossos corpos refletem os padrões mentais negativos que adotamos. Muitas vezes, permitimos que a raiva e a falta de reconhecimento de nossas próprias capacidades nos consumam, impedindo-nos de perceber nossa inteligência e talento.

Cada um de nós possui um dom único, uma qualidade inata que está profundamente enraizada em nossa essência. No entanto, para descobrir esse dom e liberar seu potencial, é necessário deixar de ser apenas mais uma pessoa comum. Devemos nos esforçar para explorar nossas habilidades e aprimorar nossos talentos, reconhecendo que somos uma minicópia da Terra, com tudo o que precisamos para florescer.

O tratamento para superar a vitimização começa por modelar uma mentalidade de governante, abandonando o orgulho e ressignificando nossas crenças limitantes. É importante expor nossas fraquezas e reconhecer que, ao ajudar os outros a superar suas limitações, também estamos nos ajudando a crescer. Devemos aprender a lidar com a necessidade de aprovação, entendendo que o medo não está no falar em público, mas sim no receio de falhar em público.

É essencial compreender que nosso cérebro tem como objetivo principal a sobrevivência e que algumas de nossas escolhas, como ter filhos, podem ser motivadas por razões egoístas, em vez de cumprir nosso verdadeiro propósito. Devemos lembrar que a responsabilidade de trazer novas vidas ao mundo não está em nossas mãos, mas nas mãos do Senhor, e que o interesse de ter filhos vai além de nossa satisfação pessoal.

A energia que transmitimos e utilizamos também desempenha um papel crucial em nossa jornada rumo à prosperidade. Devemos entender que nossas palavras e pensamentos são como sementes plantadas em nossa mente, capazes de gerar frutos positivos ou negativos. Ao nos conectarmos com outros cérebros e compartilharmos ideias, estamos potencializando o poder de manifestação dessas sementes. Assim como uma terra fértil, nosso cérebro está constantemente "transando" com ideias, cruzando frequências e gerando frutos.

No entanto, é importante compreender que as ideias não surgem isoladamente. Assim como é impossível pedir à terra que dê frutos sem a presença de sementes, também é ilusório acreditar que podemos ter ideias grandiosas sem estarmos conectados a outras mentes. A potencialização das ideias ocorre quando unimos nossas mentes em colaboração, criando um ambiente fértil para o crescimento mútuo.

As ideias são como terras, e a potencialização dessas ideias é representada pelos frutos que elas geram. Quando nos permitimos conectar e colaborar com outros indivíduos, estamos ampliando nossa visão e criando oportunidades para o florescimento de novas perspectivas. É nessa interação que encontramos o verdadeiro potencial de transformação e prosperidade.

Preocupação

A preocupação é como uma sombra escura que paira sobre nossas mentes, sufocando nossa capacidade de prosperar. A intenção daqueles que governam nossa mente é nos manter constantemente ocupados, distraídos com preocupações e ansiedades que nos impedem de desfrutar plenamente da vida.

Vivemos em uma era de redes sociais, mas o que deveria ser um espaço de conexão e socialização muitas vezes se transforma em um ambiente tóxico, alimentado pela inveja e pela busca incessante por aprovação. As redes sociais se tornaram plataformas de anúncios, onde somos bombardeados com mensagens que nos dizem o que devemos comprar, o que devemos querer e quem devemos ser.

Essa constante exposição a estímulos externos nos afasta do presente, nos fazendo viver em um estado de preocupação constante. Preocupamo-nos com o futuro, com o que ainda não aconteceu, com o que poderia dar errado. E nesse ciclo vicioso, perdemos a oportunidade de aproveitar o momento presente e de nos conectar verdadeiramente com nós mesmos e com os outros.

A preocupação nos consome por anos a fio, nos fazendo antecipar eventos que ainda estão distantes. Preocupamo-nos com o futuro dos nossos filhos, com a situação política do país, com o rumo da economia. Mas, na realidade, essa preocupação excessiva não nos leva a lugar nenhum. Ela nos mantém em um estado de estresse e ansiedade que só nos prejudica.

É importante compreender que o medo e a preocupação são forças atrativas. Aquilo que mais tememos acaba se manifestando em nossa realidade. Se nos preocupamos constantemente em sermos assaltados, é provável que acabemos atraindo situações que reforçam esse medo. A preocupação é um placebo que nos engana, nos fazendo acreditar que estamos fazendo algo produtivo quando, na verdade, estamos apenas nos desgastando emocionalmente.

Para romper esse ciclo de preocupação e prosperar, é necessário voltar para o agora. Precisamos aprender a priorizar o presente e lidar com as situações à medida que elas surgem, sem nos anteciparmos a problemas que ainda não existem. Devemos nos libertar das amarras do medo e do pensamento escasso, buscando conhecimento e orientação com aqueles que já alcançaram a prosperidade.

É importante lembrar que a riqueza não se limita a bens materiais. Ela começa dentro de nós e se reflete em nosso ambiente familiar. Devemos aprender a valorizar e cuidar da nossa casa, reconhecendo que nossa verdadeira riqueza reside nos relacionamentos e nas experiências compartilhadas com aqueles que amamos.

É hora de quebrar as correntes da preocupação e da ansiedade que nos impedem de prosperar. Devemos nos voltar para o presente, tratar das prioridades e buscar um equilíbrio entre nossas responsabilidades e nosso bem-estar. Ao nos libertarmos da preocupação constante, abrimos espaço para a criatividade, a confiança e a manifestação da verdadeira prosperidade em nossas vidas.

Passividade

Você já se pegou esperando passivamente algo acontecer em sua vida? Como uma pessoa está sentada em um ponto de ônibus, esperando o motorista parar apenas se você acenar? Essa é a imagem da passividade, onde nos conformamos em apenas observar a vida passar diante de nossos olhos.

O tratamento para essa passividade é simples: se jogue! Assim como um pássaro que se joga no ar, voando sem depender de orações para alcançar as alturas, precisamos nos libertar dessa inércia e agir. É necessário passar por situações que nos façam sentir desconforto e até mesmo vergonha para que possamos verdadeiramente tratar essa passividade.

Existem três inimigos dentro de nós que contribuem para a passividade: o cérebro, a língua e o medo. O cérebro muitas vezes nos limita, criando barreiras mentais que nos impedem de agir. No entanto, a língua tem ainda mais poder, sendo capaz de influenciar nossas ações e palavras. Devemos controlar nossa língua, contendo-a por trás dos muros dos nossos dentes, para vencer o poder que ela exerce sobre nós.

O tratamento para essa passividade começa com um simples ato: se jogar. Ao se jogar, você pode até cair, mas isso faz parte do processo de superação. O medo é o maior obstáculo para a prosperidade, e enfrentá-lo é essencial para alcançar o sucesso. Não podemos permitir que o medo nos domine e nos mantenha reféns da inércia.

É importante dedicar um tempo para cuidar do nosso ser integral, resolvendo os problemas que enfrentamos no âmbito espiritual, emocional e físico. Todos os dias, ao amanhecer, devemos nos lembrar de quem somos e buscar uma conexão profunda com o divino. Deus ouve a nossa adoração mesmo em silêncio e deseja conhecer o que carregamos em nosso espírito.

Uma das maneiras de sair da prisão do medo é reconhecendo que ele está ligado à frustração. Precisamos canalizar nossa energia e enfrentar os medos que nos assolam. O medo é o general que governa todos os outros medos, e quando superamos essa barreira, estamos avançando em direção à liberdade.

No entanto, devemos compreender que todo medo nos leva à morte. Não investir em nós mesmos e não buscar o crescimento nos levará a um estado de estagnação. É importante entender que, ao germinarmos e nos desenvolvermos, enfrentaremos críticas e resistências. Mas não devemos permitir que o medo ganhe poder sobre nossas ações e nos impeça de avançar.

Então, por que ter medo? Devemos nos aventurar além dos limites de nossa zona de conforto. Saia de sua terra, rompa as correntes do medo e abrace a prosperidade que espera por você. Lembre-se de que o medo é quem deve temer a nossa coragem e determinação.

É hora de quebrar as amarras da passividade e se lançar no mundo com confiança e ousadia. Não se contente em apenas observar a vida passar, mas seja o protagonista da sua própria história.

Para vencer a passividade, é essencial adotar uma postura ativa e tomar as rédeas da sua vida. Faça escolhas conscientes, estabeleça metas e busque alcançá-las. Não espere que as coisas simplesmente aconteçam, mas vá atrás do que você deseja.

Um passo importante é enfrentar seus medos de frente. Reconheça que o medo é apenas uma emoção, e não uma sentença definitiva. Supere-o enfrentando situações desafiadoras e expandindo seus limites. Assim como um piloto de avião nas primeiras horas de voo, que supera o medo e adquire confiança ao persistir, você também pode dominar seus medos e avançar para a camada de governo da sua vida.

É fundamental também cuidar da sua mente, corpo e espírito. Dedique tempo para se conhecer, desenvolver suas habilidades e buscar o crescimento pessoal. Acredite em si mesmo e lembre-se constantemente do seu valor e potencial.

Não se deixe levar pela inércia e pela ideia de que a vida está além do seu controle. Assuma a responsabilidade pela sua própria felicidade e sucesso. Não espere que as coisas simplesmente aconteçam, mas trabalhe para conquistá-las.

A passividade é um inimigo da prosperidade, mas você tem o poder de superá-la. Se jogue na vida, tome a iniciativa, faça acontecer. Deixe para trás a mentalidade de espera e abrace a atitude proativa. Afinal, a verdadeira riqueza e realização estão ao alcance daqueles que se recusam a serem meros espectadores.

Intrepidez

Deseje um espírito intrépido para si mesmo! Você já parou para pensar que a maioria das pessoas só prospera quando se permite ser irresponsável? Vamos explorar a importância de abraçar a ousadia em sua vida, deixar o medo para trás e desbloquear o caminho para a prosperidade.

SEJA OUSADO: imagine-se sentado em uma cadeira de balanço na porta da sua casa. Agora, faça a si mesmo algumas perguntas cruciais: o que você fez da sua vida até agora? Quantas desculpas você deu para não agir, não arriscar? Quantas oportunidades você deixou passar por medo? É hora de abandonar as histórias de desculpas e transformar esse balanço em movimento!

SUPERE O MEDO: o medo é uma ilusão que habita a mente das pessoas. O medo do futuro, o medo de se aventurar nos negócios... mas é impossível vencer uma pessoa que não tem medo! Lembre-se de que Deus já falou quem você é, e o medo só tem poder se você permitir. Faça o medo morrer para não te matar.

BUSQUE INSPIRAÇÃO: encontre inspiração em todas as coisas ao seu redor. A fé traz esperança e abre portas para o seu propósito. Você foi chamado para ser mantenedor do Reino, e o medo só te afasta desse chamado. Escreva em seu coração: "Meu bloqueio tem intimidade com meu propósito" e liberte-se para realizar o que você nasceu para fazer.

PEQUENOS RESULTADOS: para superar o medo, obtenha pequenos resultados que farão você avançar. A cada vitória, você ganha confiança e coragem para seguir em frente. Não se preocupe com resultados grandiosos, pois a prosperidade não se limita à riqueza material. Quanto mais pessoas você servir, mais próspero você será.

O VERDADEIRO AMOR: o amor é a antítese do medo. Quando você se enche de amor próprio, amor divino e amor pelo próximo, não há espaço para a dúvida ou para o medo. Sinta-se amado e valorizado, pois o verdadeiro amor lança fora todo medo. Navegue pela vida com a segurança de que você está envolvido por um amor infinito.

Os inimigos da prosperidade incluem o medo, a falta de ousadia, a tendência de buscar desculpas, a necessidade de aprovação e a falta de amor próprio. Esses obstáculos podem nos paralisar, impedir o crescimento e nos afastar das oportunidades de prosperar. No entanto, é possível superá-los ao adotarmos um espírito intrépido, enfrentarmos o medo, abandonarmos as desculpas e buscarmos constantemente resultados que impulsionem nosso progresso. O verdadeiro amor, tanto por nós mesmos quanto pelos outros, é uma poderosa arma para combater esses inimigos. Ao vencê-los, estaremos mais próximos de alcançar uma vida próspera e realizar nosso propósito. A jornada em direção à prosperidade requer determinação, coragem e compromisso em servir aos outros. Ao enfrentar esses inimigos, podemos abrir caminho para uma vida plena e gratificante.

Sabedoria é a semente; prosperidade é crescer; e a riqueza é o fruto!

**CONFIRA NOSSOS
LANÇAMENTOS AQUI!**